The Guardian

KILLER SUDOKU BOOK 2

T0014782

Published in 2023 by Welbeck
An imprint of Welbeck Non-Fiction Limited
part of Welbeck Publishing Group
Offices in: London – 20 Mortimer Street, London
W1T 3JW &
Sydney – 205 Commonwealth Street, Surry Hills 2010
www.welbeckpublishing.com

Puzzles © H Bauer Publishing
Design © 2023 Welbeck Non-Fiction,
part of Welbeck Publishing Group

Editorial: Millie Acers
Design: Bauer Media and Eliana Holder

A CIP catalogue for this book is available from the British
Library.

ISBN: 978-1-80279-427-4

Printed in the United Kingdom

10 9 8 7 6 5 4 3 2 1

MIX
Paper | Supporting
responsible forestry
FSC® C171272
FSC
www.fsc.org

The Guardian

KILLER SUDOKU ^{BOOK} 2

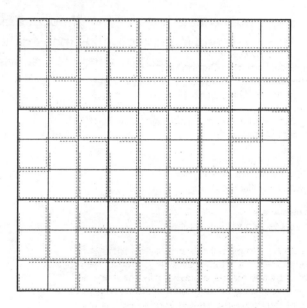

A collection of more than **200** formidable puzzles

WELBECK

About the Guardian

The Guardian has published honest and fearless journalism, free from commercial or political interference, since it was founded in 1821.

It now also publishes a huge variety of puzzles every day, both online and in print, covering many different types of crosswords, sudoku, general knowledge quizzes and more.

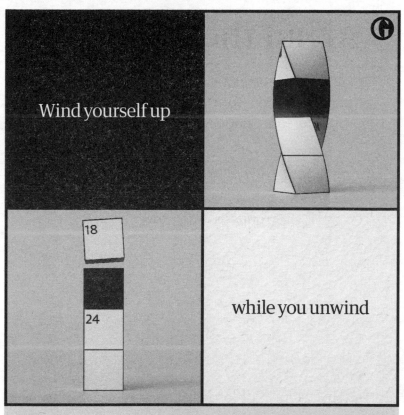

Introduction

Welcome to the second book in the Guardian's challenging puzzle series. The killer sudoku puzzle is an incredibly popular variant of sudoku, with an added mathematical element. It is not for the faint-hearted, and in this book the Guardian provides 210 never before seen killer sudoku puzzles for you to relish.

Each puzzle will require a certain amount of logical rigour to solve them, but these have been designed to become progressively harder as you work your way through the book. The final 15, in particular, are extremely difficult. It is recommended that you train yourself up on the earlier puzzles before attempting those.

Above all though, please enjoy this book! The world is full of challenges, but we hope that *these* challenges will provide a delightful diversion for you.

Instructions

This twist on the classic sudoku puzzle is played on a grid of 9 x 9 cells, which make up 9 larger boxes of 3 x 3. Every row, column and box must contain the figures 1 to 9, without any being repeated within them (as in the original game). However, every cell is also part of a cage marked with a number, and all the cells must add up to the sum of its cage.

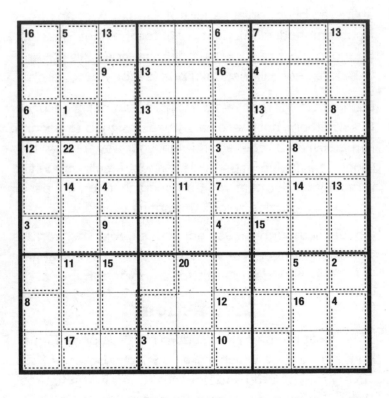

Solution see page 219

7	4	23			3		3	5
5	3		15			13		11
15		9			11		8	
9	11	14	16		4	6		10
6					13		9	
	12	5	7	12			12	
8			9	9			8	
4	7		13	14		16		1
	15				11		5	4

Solution see page 219

3

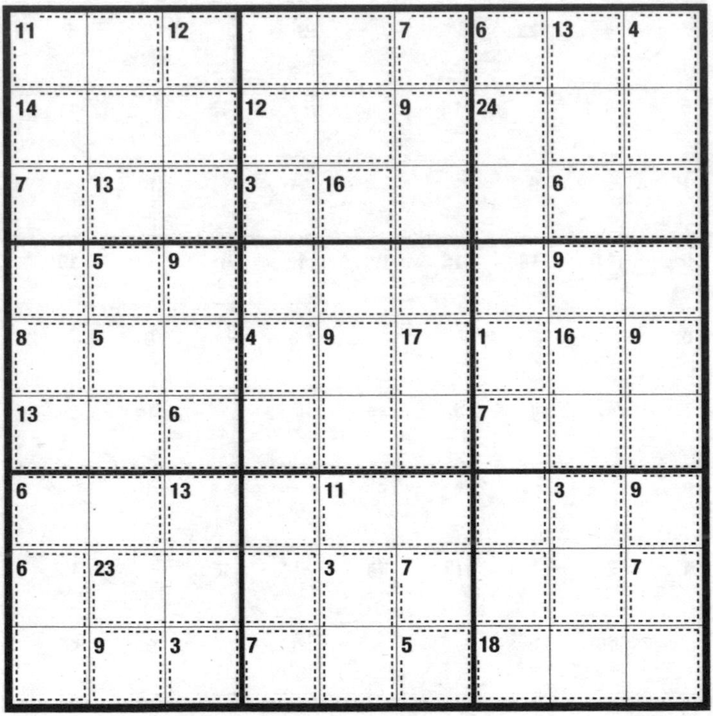
11 12 7 6 13 4
14 12 9 24
7 13 3 16 6
5 9 9
8 5 4 9 17 1 16 9
13 6 7
6 13 11 3 9
6 23 3 7 7
9 3 7 5 18

Solution see page 219

6	6	6	14	16	12			15
	3				3		9	
7	9	8	4		12	2	11	
16		4		10		13		
14	13		9		7	3	5	
	6	6	13	5	10		17	
		9		4		6	7	6
9	3			10	15		5	
	16				17		1	3

5

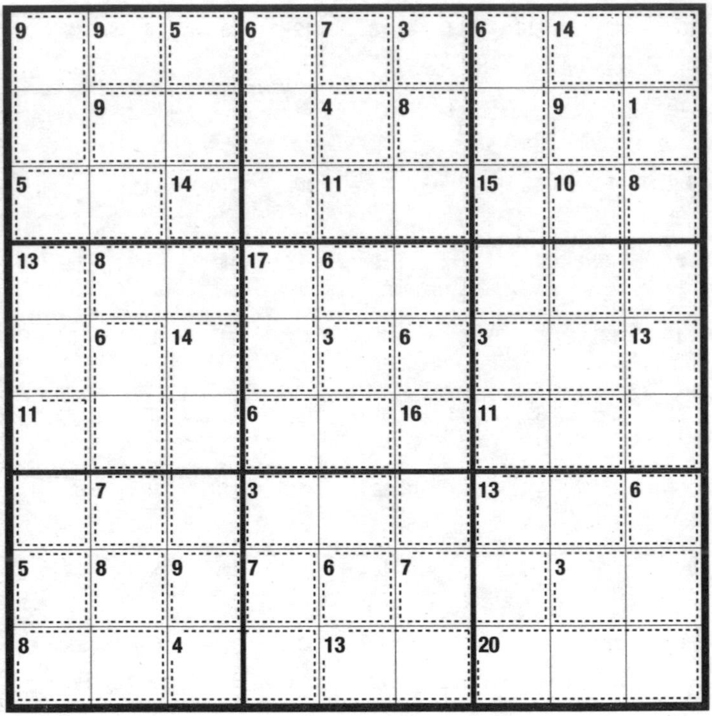

Solution see page 220

8	7	16		2	5	3	6	4
10		4	3	17	9		7	
	11				6	16		4
8	16		11	5	17	15	12	
	4							8
12		5	3	10			7	
19				8	11	13		9
3		17				6	7	
5	7	3	8	6	3			9

Solution see page 220

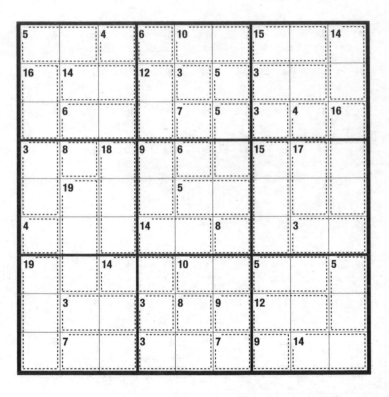

6	10		9	3		5	10	16
17		9	10		6			
8	4		8	11		12		
		15	9	17	15		3	
	10				16		11	15
9		3			4	4		
14	17		7			13		
	7	7		16		13		
		13			8	6		9

Solution see page 221

9

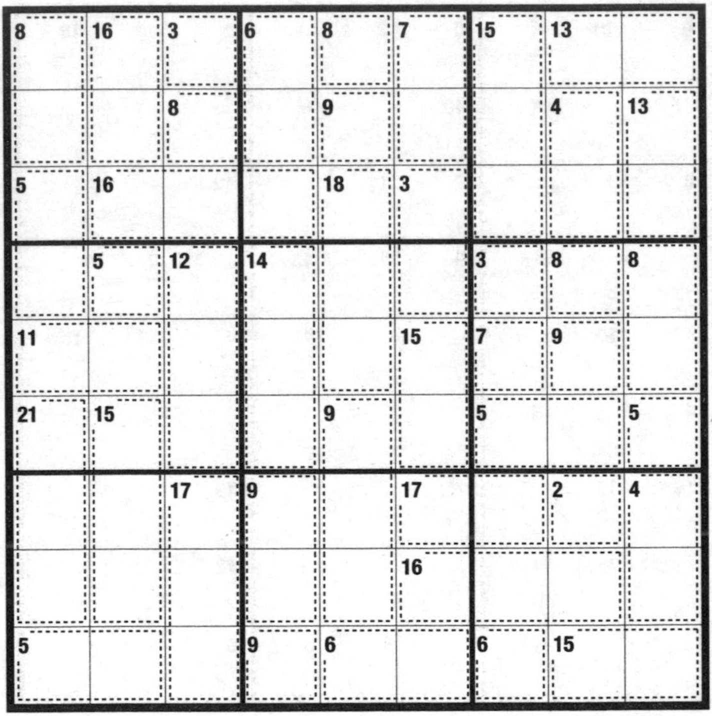
8 16 3 6 8 7 15 13
8 9 4 13
5 16 18 3
5 12 14 3 8 8
11 15 7 9
21 15 9 5 5
17 9 17 2 4
16
5 9 6 6 15

Solution see page 221

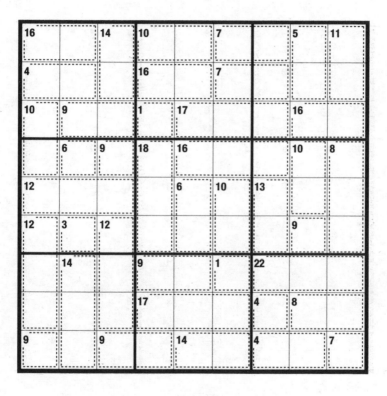

Solution see page 222

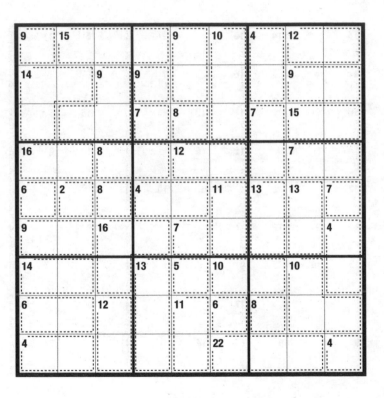

Solution see page 222

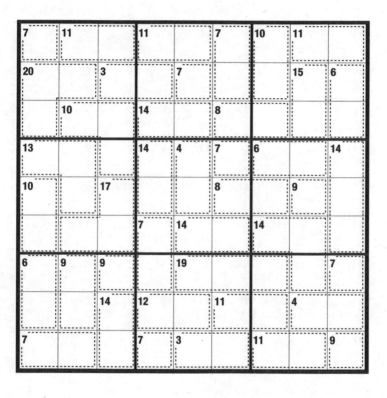

13

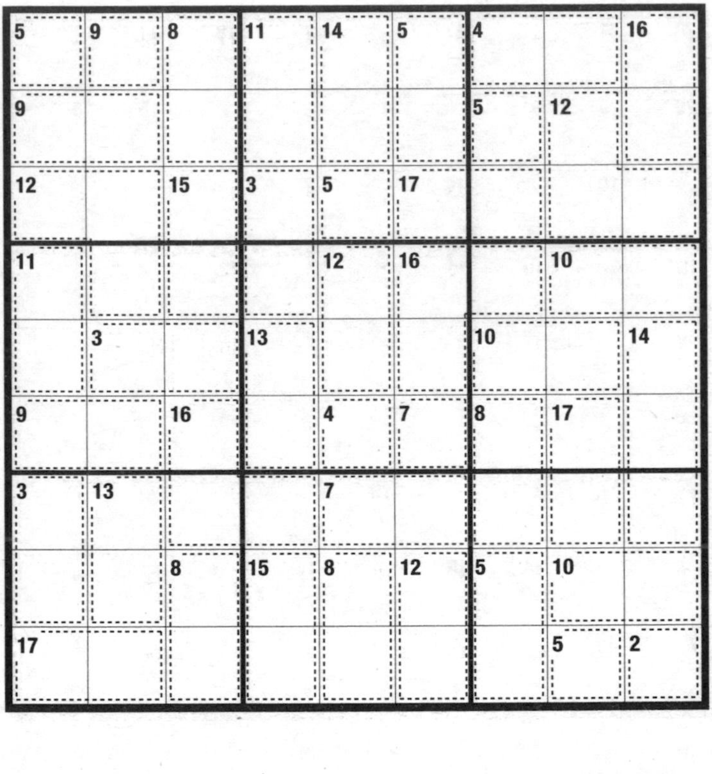

Solution see page 223

9		9	6	4	9	11	16	4
5	18				8			2
4			13		5	4		8
15	6	10	16		3	12		9
			3	9		16	8	
14			9		6			
8	14			9		7		7
11			5	10	11	5	12	
7		5	9				14	

Solution see page 223

1	11		15	10	11		5	6
5	14				5		16	4
14				10	14			8
7	7		9		15		4	
	8		4	2		11		16
17		12			9	6		
9	12	10				15		3
7		6	10	17	5	10		
6	2					12		5

10		8	8	10			11	9
6	5	9		10		13		1
		7	17				8	5
11		1	9	10		8		10
17	10		4	3	8	6		
	4	8			5	9	10	
2	17	10	13		8		5	10
7			6		9	3		
4		15			10		16	

Solution see page 224

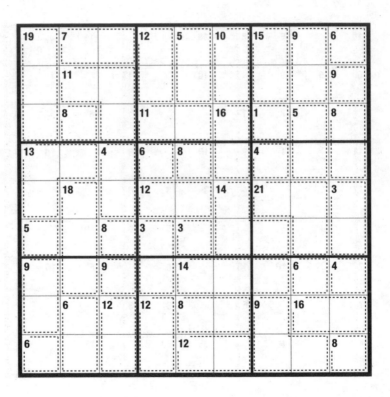

Solution see page 224

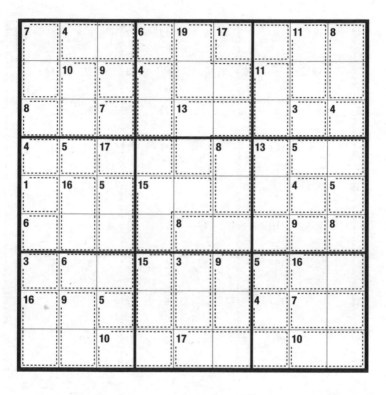

Solution see page 224

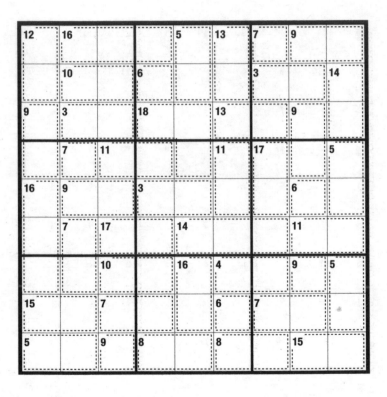

Solution see page 225

12	12	7	8	4	8	16	5	3
		11					13	
9	3	12		13		8		
		12	7	7	7	6		16
9	6				8		8	
	9		17		5		7	7
6	17		10		7			
14		4	6	6	4		16	13
	4			17		6		

12		9		15	10		13	7
5		9	7		17	1		
12		3				3	8	4
16	5	7	10		13			7
			13	4		8	14	9
8	6	7		12				
2	9		6	10		15	7	
7	8	8		17	4		5	
		13			7		13	

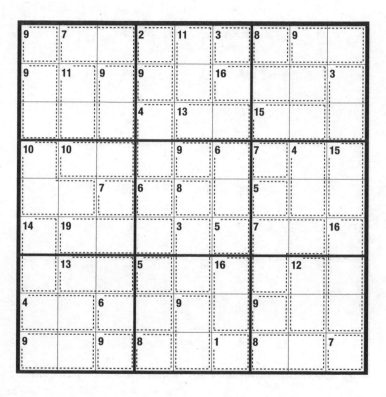

Solution see page 226

3	**11**		**3**		**17**	**19**		
8	**14**	**9**	**14**	**11**		**14**	**12**	
7	**4**	**5**		**13**		**4**	**15**	
17		**7**	**10**	**1**	**10**		**6**	
11				**9**		**7**	**5**	**8**
	8		**14**	**14**	**3**	**10**	**7**	**16**
14								
19			**14**			**11**		**1**

14		1	2	7	18			9
12	5	13	14	8	15			
				10	8	5	15	12
16	3							
	12	14		5		7	3	15
		8	5	9	9			
3	11			4	10	12	15	12
	21	10						
		16		5	6	1	5	

9	9	8	13	7	3		10	
	3				7	11	17	
13	14			17			5	
		16	12	9		7		3
12				5	12	24	11	
3	12		5	13				9
		6					14	9
11			7	14				
19			8	5		1	12	

17	15			7			16	6
	6		9		8	5		5
13	3	6	9	14	3		3	17
		7				5	8	
4	13		9		7	10		5
	9	4	13		13		3	
9	6	9	3	7		8		12
	10			13		15		
11			6	16		8		

Solution see page 227

18			10		7		3	16
10	9		14			10	10	
	15		12					9
7	3		17	8	10	12		
9	9					16		
	17			10		3		6
11	10	7	9	5	13	6	7	
		10				18		
	13		5		7	14		

Solution see page 227

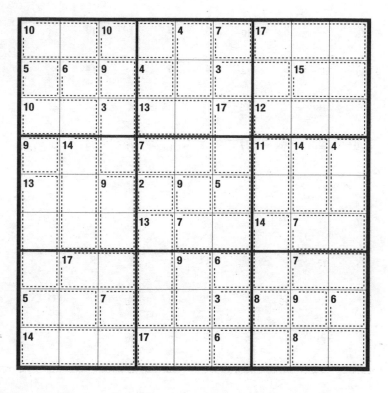

Solution see page 228

7	17	4		6	5	4	16	
		8		4	5		14	
7	10		10		15	4		5
10	9	10	17	16		18	14	5
					6			
10		11						8
5			6	17		7	9	
9		9		12		8	5	11
8	9		6	4		5		

Solution see page 228

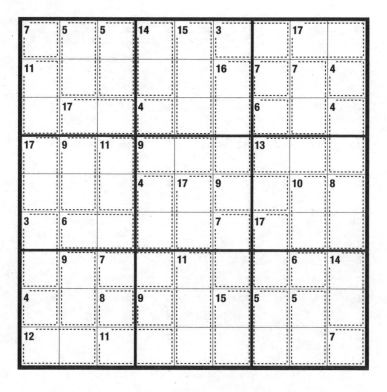

Solution see page 228

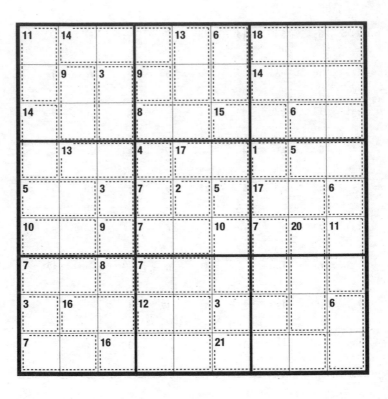

Solution see page 229

8	17		12			11	3	
	15	10		16	7		9	11
13		7				8	3	
		6	4		7	9	7	
	6		9	8	2	7	10	
17	2	7	10		8		14	8
	1	10		6	6			17
7	13	13	3		17	4		
			8			9		

Solution see page 229

5	7	6	3		10	8	12	
7		3	16	8		8	5	17
9	8			8			3	
8	14		12	7	4			
7	4			6	13	13		5
8		18				8		8
11	10	17	6			16	17	1
			8		16			11
		7	6	1				

15			14	7	6	9	4	
5		9		9		12		12
7	20				9	13	3	
	16				8			7
15	11		7	7		12		
	5	4		9		5	23	16
9			3	8	6			
16		6		10				9
3		8	16		3	9		

Solution see page 230

10		3	9		9	9	10	11
24	11		3	14				
		4		10		13	6	7
	3	17	15					
3			4	6	7	11	16	5
8	13	12	9	4				13
			11		8	1	11	
9	9	9	12		7			
			7	5		17		

14		3	8		9	7		5
16	5		9	6		13	17	
	7			8	11		2	3
3	7	11		15		17		
5		9	8		3	4		4
5	6	17				7	7	13
		14	5	13	18		11	
2	16		3			10		8
8				6			7	

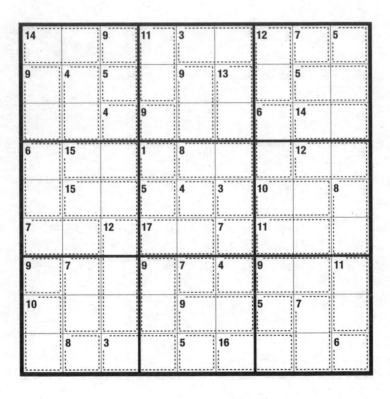

Solution see page 231

38

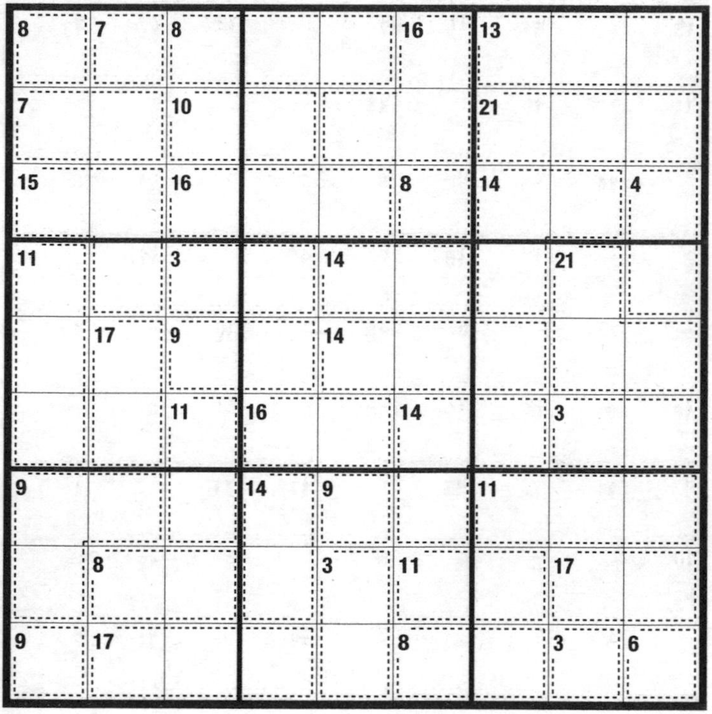

Solution see page 231

Solution see page 231

3	15		7		14	9		9
4	3		3	8		9	9	
6	17		9		4		3	12
1		11	17	6	16			
7	17			4	3		8	
11		5		7	11		7	6
	9		7		8	7	5	
13	5	11		9	6		11	
		7		4		13		9

41

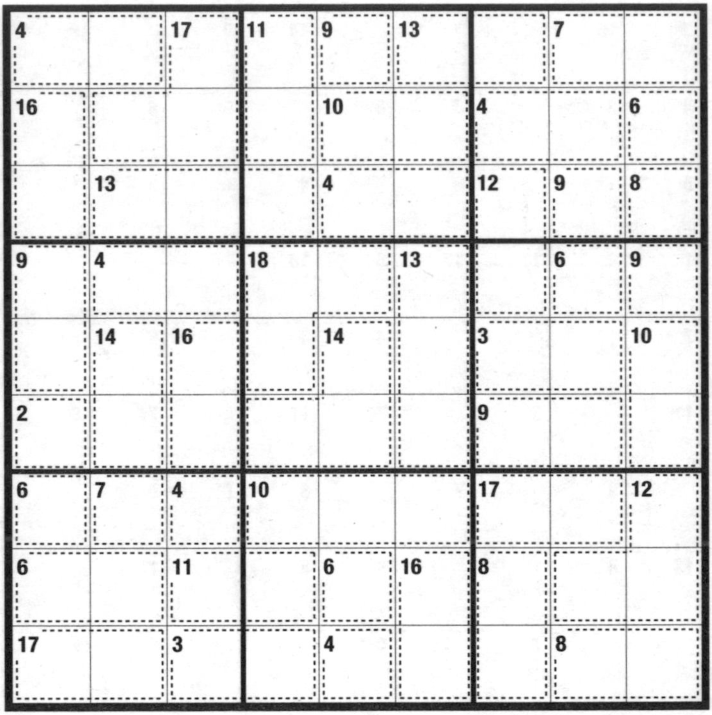

Solution see page 232

17	17		1	16	11	6	2	5
	8		12			4	11	
	3			11		17		
8	8		9		12			11
9		5	7	1	8	11		
14	6			11	7	8	7	
		15	13		6		13	
6	4			6	9	3	16	
	9	9			5			8

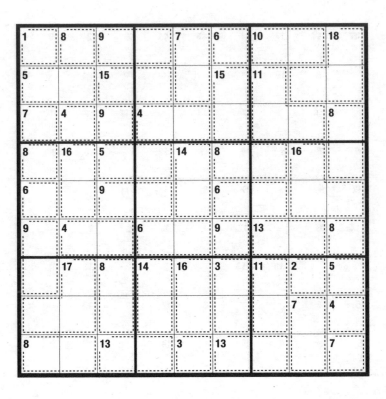

44

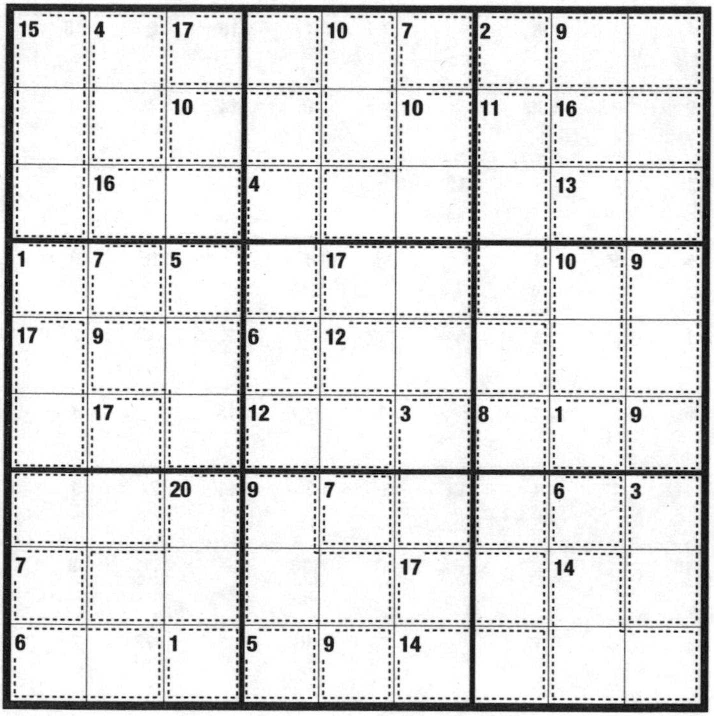

Solution see page 233

11		8		4	17		6	
9	13	13			6	12	4	7
1			16				8	
5	9	14			3		9	9
7		9	6	12		2	12	
9		11		10				8
11		4	21			12		1
10	4		6	8	13			9
	9	7			8		12	

Solution see page 233

16		4	6		14		13	12
5	14	13		9				
		14		16	5	12		
15						8	16	8
	3	15	8		13			13
9			1	11				
14	10		16		3		15	
	12			12	17		9	
		9			5	6	4	

Solution see page 234

17		4	5	10	21		8	
11	13	6					8	10
			6	17		5		
	3		8	11	6	15	3	20
15	9	12					3	
		16		4		11		
6	5	10		7	9			13
		13		10	3	6	16	
21					9			

48

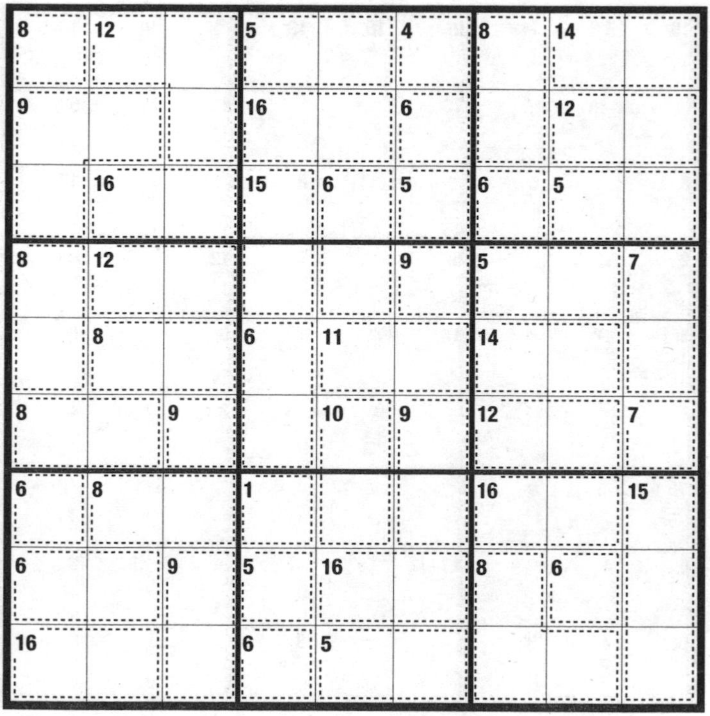
8 12 5 4 8 14
9 16 6 12
16 15 6 5 6 5
8 12 9 5 7
8 6 11 14
8 9 10 9 12 7
6 8 1 16 15
6 9 5 16 8 6
16 6 5

Solution see page 234

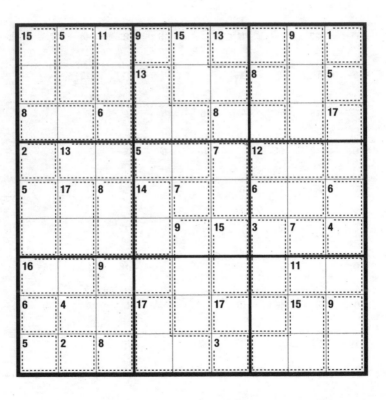

Solution see page 235

11	4		11		13	16		7
	5	8	9				6	
15	6	6	4	10		8	7	
		11		10	14	5	5	8
8	7		14			12		
		9			8		7	9
11		5	17			6	8	
7	8		10		7	4		16
	14			9		10		

Solution see page 235

2	11		13		14			5
1	13		9	13		10	5	
7	11			4			17	
8	16		4		13	3	14	
11		11		8			17	
	4		15			17		8
7		8	16					7
17			7		10	7		4
6	7		12			12		1

Solution see page 236

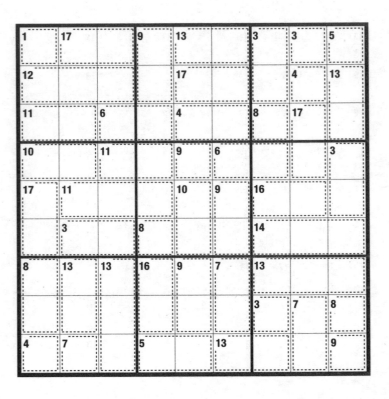

Solution see page 236

11	3	16			12	13	9	2
	6		16				4	
4	22			3		11		6
	13		5		17	11	6	7
16	3		10	8			9	
	4	6			6	4		8
14	16		16	5		11		
	11	4		16		6		13
				14			8	

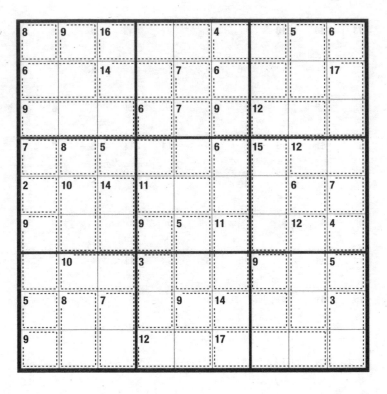

Solution see page 237

Solution see page 237

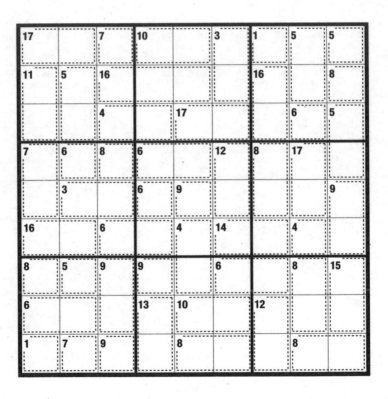

Solution see page 237

8	9	9	12		10		9	15
8		4	3		17	6		
	6	5		3		17	6	
3	18	11	16		5			16
			14	4		7	10	
6		13		6				
4	4		11		8		5	8
16		5	3	14	9	7	6	6
	8	3				12		

Solution see page 238

Solution see page 238

3		20			7	5	8	10
12			3	8	6		9	
13	15			4	8	7		6
	17		7	6		9	3	
10	8	5	7	3	8		13	
		5			17		12	
4			6	7	6	9	11	8
15			9	3		7		5
13		17		6		5		

Solution see page 238

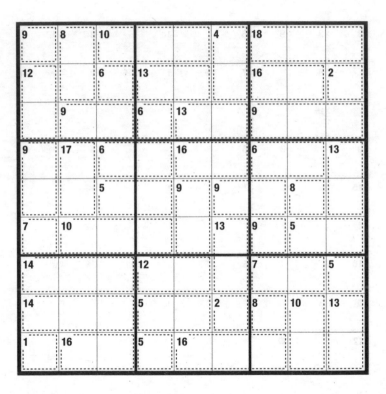

Solution see page 239

8	3	9	6		10		16	
	8		7	9	7	18	5	
1	16		14				5	2
9		9	6	4				18
15			17		5	4		
4		14			7	9	12	
18			5	14		5		3
9	3			11	8		11	
12		4			16			9

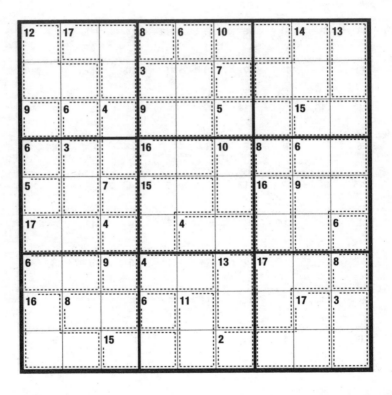

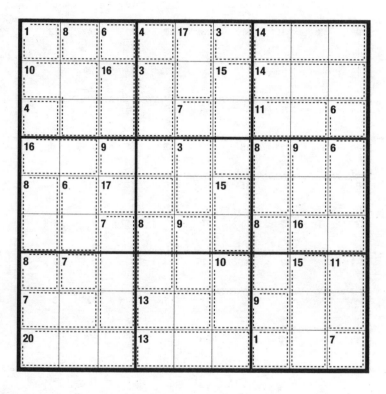

Solution see page 240

9	3	15	8	10	5	9		
14					12		20	
		12		5	9	6		11
10		14			7	1		
9			17		9		19	
7	17	2	4	7		17		15
11		7	2	16	4			
			3		13		3	
15		9		10				9

66

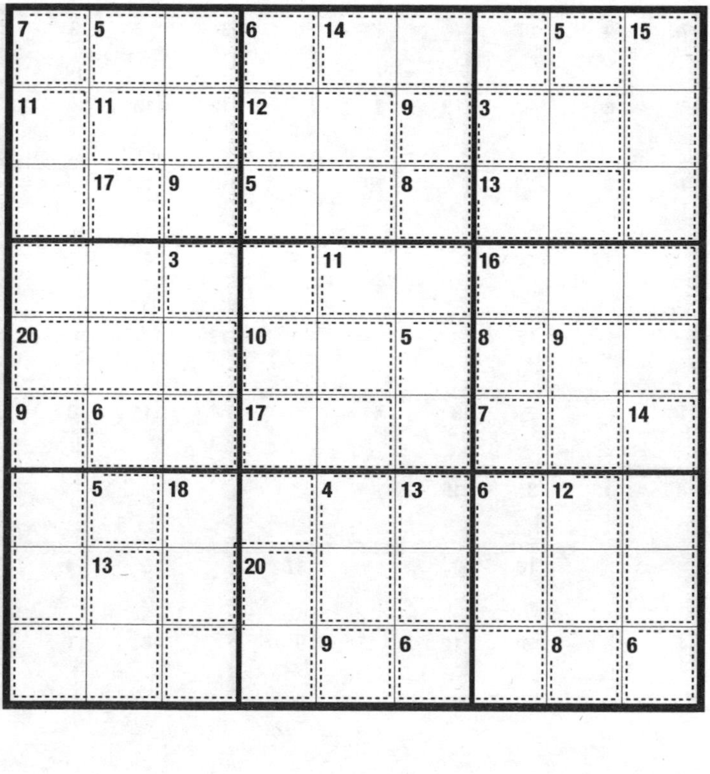
7
5
6
14
5
15
11
11
12
9
3
17
9
5
8
13
3
11
16
20
10
5
8
9
9
6
17
7
14
5
18
4
13
6
12
13
20
9
6
8
6

Solution see page 240

7	9	10		13		3		3
6	8		13	3		12	16	
7	9			10			11	
	13	11			16	7	4	17
		15				13		
16		2	8	4			11	8
4	13	8	16					
		16	3		17		5	4
4			12		9		8	1

12	3	8		13	15	11	5	9
		6	8					13
10		11			5		6	
16		9	4		12	11	8	5
6	6		13	16			14	
	8							13
5	9	6		4	11		12	
	9	15	13	17		5		5
6				3			9	

Solution see page 241

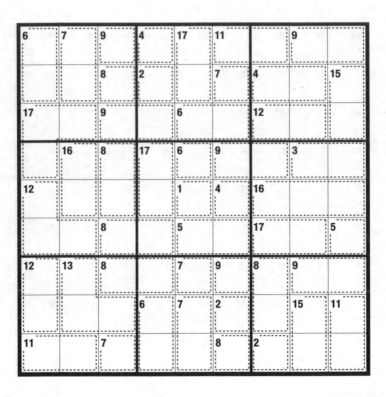

Solution see page 241

5	8	16		1	10			14
	6	5	8	9		13	9	
14			6	7			15	
9	9	7			17			
			16		3	18		
9	12		8		6		10	
11		18	12	8		13	10	
	7			8	9		3	
8	1			8		7	3	9

5	17	12			8	10		4
		18			14	6	5	3
14	9	7				8	9	
		7	15		3	6		11
7	1		15	11		9	8	
8					17	4		16
12	7	3				11	6	
	3	5	9	13			14	11
1	6	17						

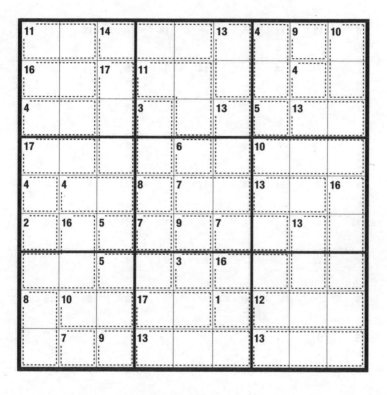

Solution see page 242

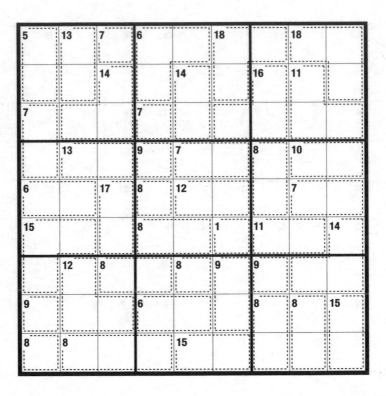

Solution see page 243

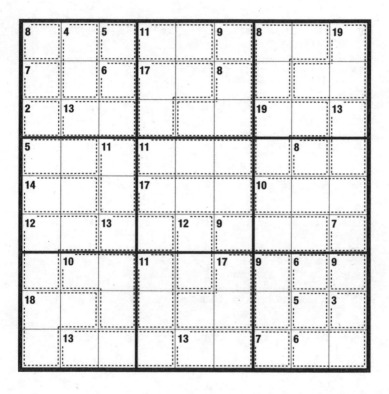

Solution see page 243

9		9	12		14			7
13		3	13		13			
7	4			14		17	15	
3		12		6			15	
12		17		3		4		6
15	14			11			11	
		12			17			9
12		10		16			6	
	18			8		6	12	

16			12	6	8		14	
9	9	11			14	8		13
			12	9		3		
13					5	15		12
13	17	12	11		8			
			12		9		11	
5			9	3		13	13	8
	13			12	13			
6		17				11		

5	5	9	15		14		15	
	6	1	6	12				9
12		7			9	10		
18	7	10		8		17	14	13
		14	15	10				
					9			
18	6		6		11		17	
		4	12	15		3	8	
	9	8			7	2	5	4

Solution see page 244

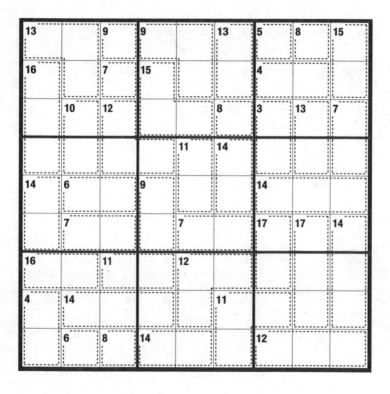

Solution see page 244

12	11		17	15	4		7	
	3				6	15	9	13
13	11		12					
	13	9			11		3	
		6	14			9	15	
12		13	10				17	
10		17	6		11			
7			5	10	16			14
7	13					9		

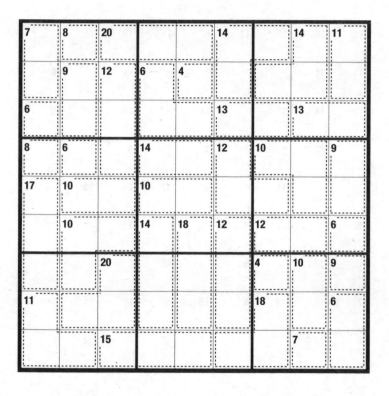

Solution see page 245

16		15		8	11	10	11	
11	11							6
	14	11		12		16		6
			14	12		4		
10		11		5	12		14	
8			4			21		10
	17		9		15			
7		13	8	15			11	
5					10		12	

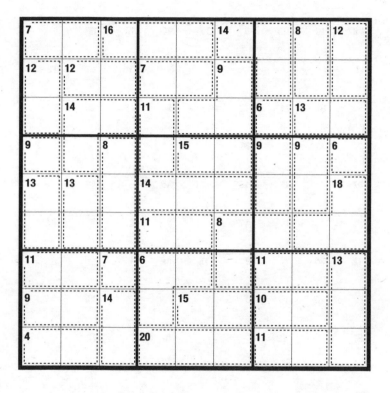

Solution see page 246

Solution see page 246

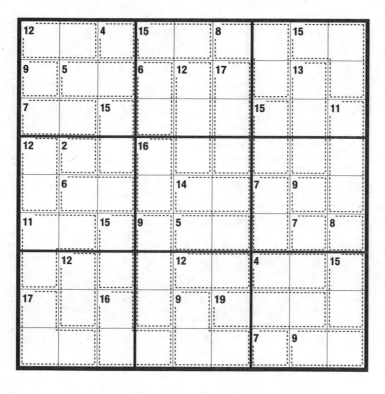

Solution see page 246

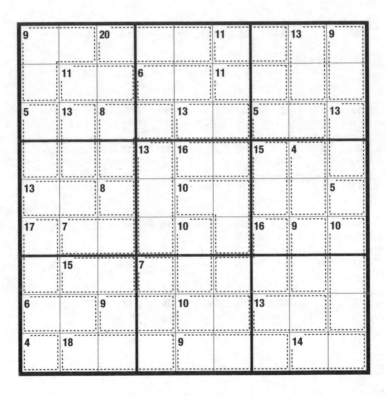

Solution see page 247

10		14		10		13	5	
	11			16			13	7
13		7	12	13	9			
6	4				12	10		11
13			19	7			16	
12					11	9		8
17	4	12						2
		6	16		15	12		14
11			5					

Solution see page 247

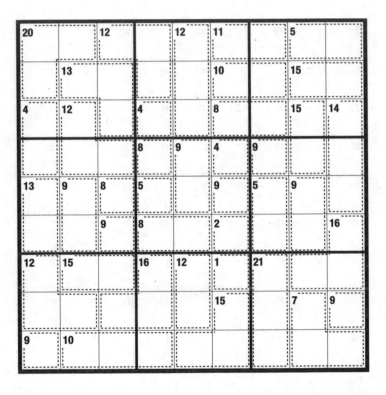

Solution see page 247

9	6	12		13		10		
4		2	9	9	10		15	
7	9		12		15			9
15		12			17		7	10
8			9	9		17		
	9	15					5	
	11			6	9	6		7
		11		4		5	9	8
15		16			8			6

Solution see page 248

Solution see page 248

3	17			11	1	20		
13		13			16		11	6
9	13		17	9				
		12		7		11		15
9		9	3	8				
		9		9	11	10		8
17	11		12			8	8	
		7			17			9
10			6	8		11		1

Solution see page 249

17		5	7		20	16		2
5	5	7				13		13
		9		19	11		8	
14	14	4	16					11
					11	4	13	
13			19					12
14				14	13		5	
	14		9		7	6		
4	5				11		15	

6		9		13	18			10	
9	7	5					9		10
4	14		9		12				
10		17		8	15		10		10
8	11	13					15		
			11					8	4
15	13			15					5
	11	8			11			9	10
		9		17			7		

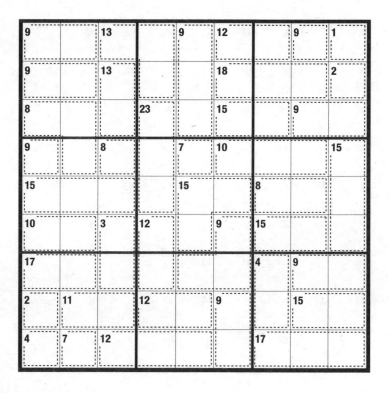

Solution see page 250

9	6	8	12	5	10	8	10	
7						12		17
13		14			11			
16		8	9				6	12
7	5	7		7	9	9		
		20		6			16	
16			11	13			11	
11				14	11		10	
		13			8		6	2

15	13			8	13	10	16	
	9	11						
3			15		10	18		11
8	12	14						
		10		8	12		11	12
8		12			15			
10	12		13			15		8
			12	9	11		11	7
23								

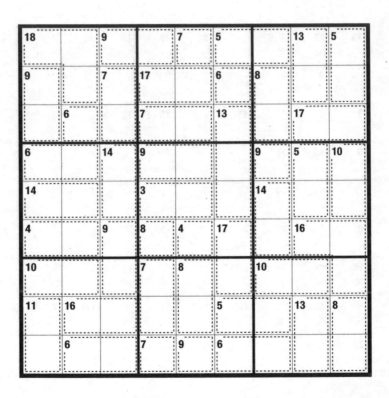

Solution see page 251

7	7	7	3		8	13		5
		5	14	14	15		10	2
9	10				5			15
15		3			3	13		
	15			16		3		13
2	16		8	9	6	8		
16		9			3	9		
5	6	13				9	8	10
8	5		12		5	8		

Solution see page 251

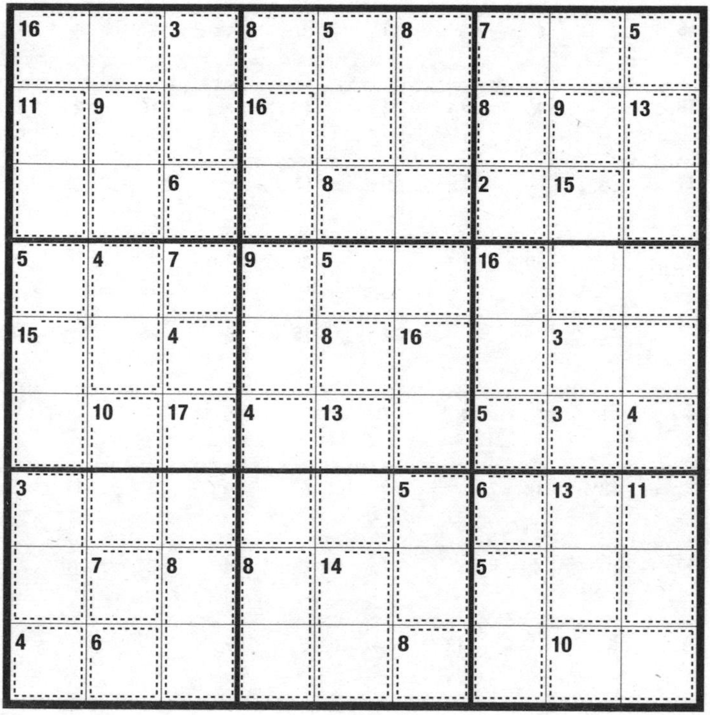

Solution see page 252

Solution see page 252

3	17		7		12			19
	6	7	16		15			
16			6	3		12		
11		8		15		16	3	
	8		8	6			15	
17		10	12		4		11	
9			5		7	5		16
12	18			17	4		16	
		3			10			

Solution see page 252

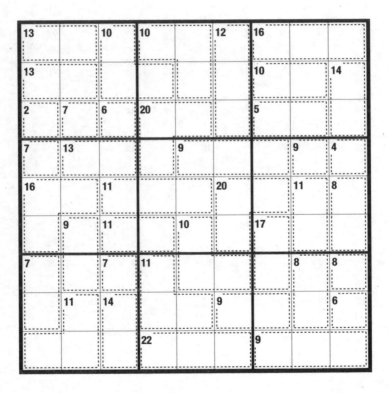

Solution see page 253

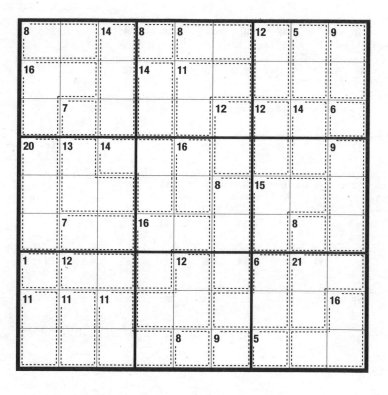

Solution see page 253

Solution see page 253

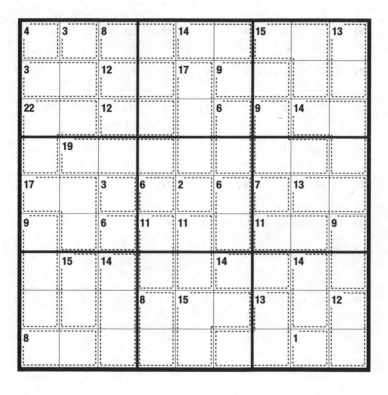

Solution see page 254

10		9	16		11	13	12	
12			5	6				
7	4	6		13	10	20		19
6		8						
	21		14	5	10		8	
21					5		7	
	15			4	11	14	4	
18	6		3	7			12	
			9		17			7

Solution see page 254

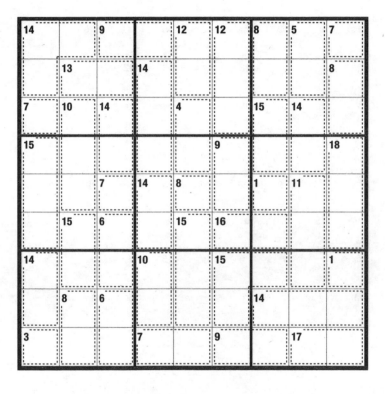

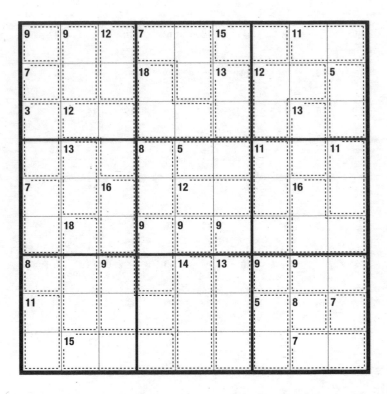

Solution see page 255

6		6	6	8	9	20		13
13			8		12			
15	13	5				12	19	
			5	16			16	
	21	6			9			
		12		11		9		
14			15	10			13	
7	16			7	3	8	3	
		17			10		12	

Solution see page 255

16		13		13		10	6	15
	6	11		4				
9		16	5	7	11		15	
				10		9		8
15	11		11		14			
	9	3	13		8	14	7	
12				13			16	
	15	11			11	8	15	
		8	7					

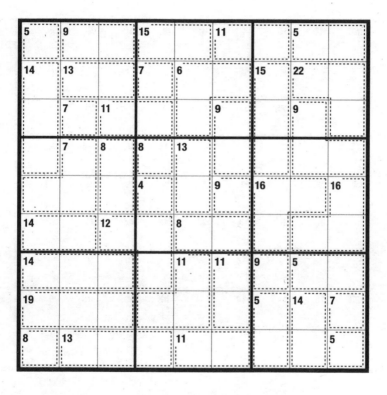

Solution see page 256

13	10	6	4	6	16		4	
		7			9	14		7
		23		6	8	6	7	
15					11		13	
12	10		9	4		9		17
	9	6		7	12			
	14	5	15			3	9	
20			14		13		13	9
		10						

Solution see page 256

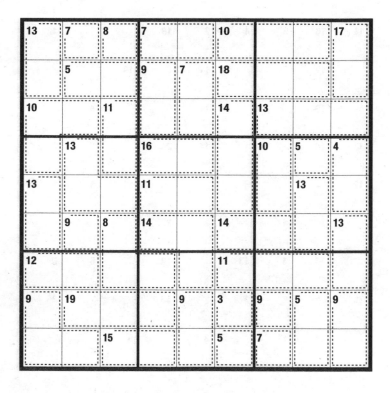

Solution see page 256

11	10		4	7	13			16
	12			11		13		
5	19			11			9	
4	16		13	14	24			6
12						11	8	
		13			3			5
22	12	4	13		18		6	3
			3		13			15
	14			3		9		

Solution see page 257

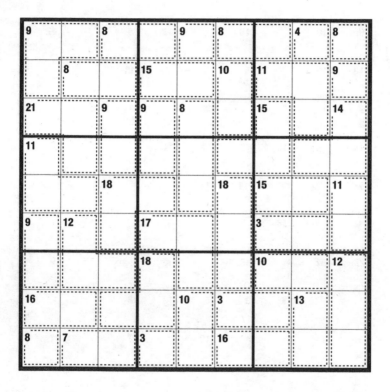

Solution see page 257

9	3		10		13	8		12
13		8	5			9		
8		5		21		7	14	
14		10			12			22
7			14	18				
18		14			10		5	
	12				7		16	9
		9	14	5		8		
15				10		7		4

Solution see page 257

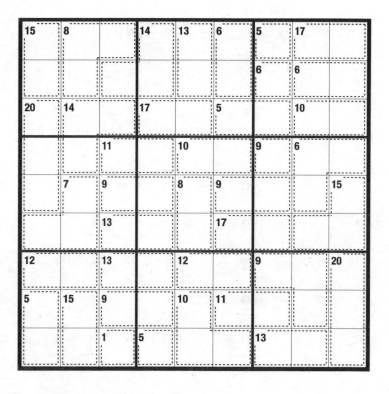

Solution see page 258

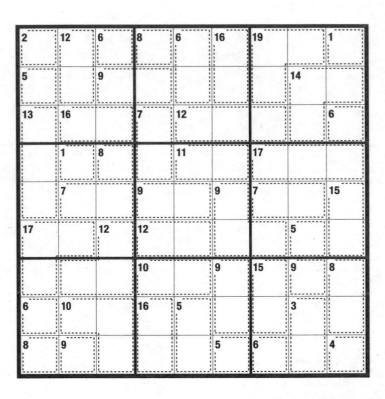

Solution see page 258

6	10		9	4	6	8		7
	16		13	15	6	7	14	
11	13							22
		17		6			7	
9			11		16			
		8	13		7	16		4
16				13	11			
14		5				15		8
10			5	6	12		9	

Solution see page 258

Solution see page 259

Solution see page 259

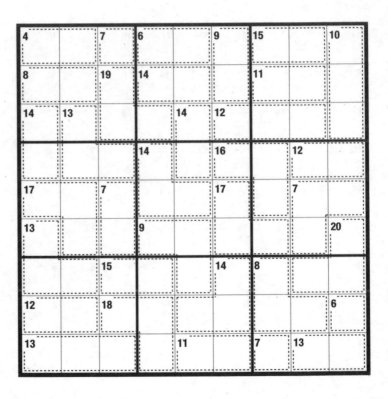

Solution see page 259

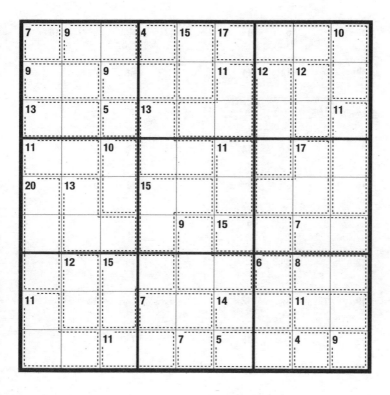

Solution see page 260

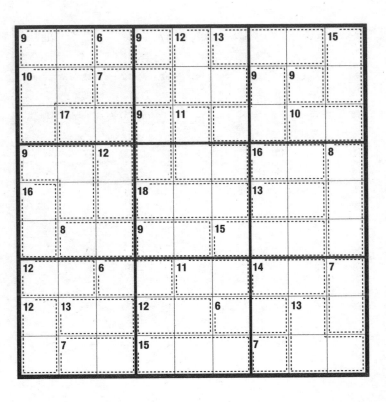

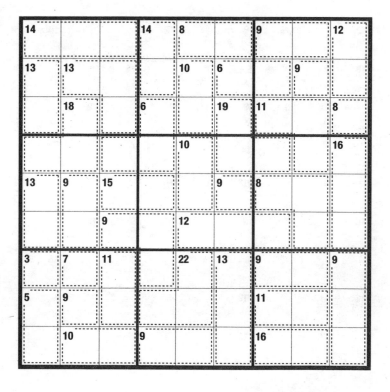

13		16			12			19
16	7		5	3		15		
	11	6	7		8		12	
2		5	8	3	4	7		3
6	4	8	7	9	18			
10		7			9	5	13	
		12	7	14		3		16
11			15		4		9	
	16			14				6

Solution see page 261

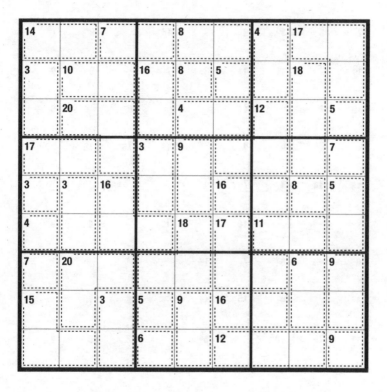

Solution see page 261

2	8	3	8		15		9	
11		11	11		7		9	9
12	6		11			8		9
		9	3		18	16	15	
13	14	4						
			16		12		4	9
6	15	6		16				
		9		11		5	10	
11		10		6		2	9	7

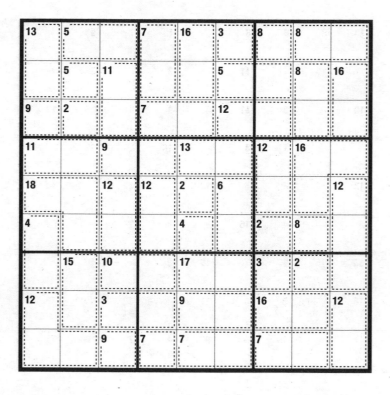

Solution see page 262

13		6	7	5	8	7	13	
	16		5		3		15	
10		5	9	3	9			12
6		11	4		16			
16			5	13		12		14
3		4		6	9	7		
15		17		10	3		9	
18		3	5			12		15
			6	9	4	7		

10	8	10	3		14	4	9	11
	6		9	7				
2		17	4	8		13		18
9	10		15	12		12	7	
14		5						
	7		8	10		7	5	9
	16		6	5			11	2
12	9		9		5	16		6
			3	17			5	

Solution see page 262

6 · · 4 · 14 · · 8 · · 24 · ·
6 · 5 · · · 22 · · · · · 11 ·
8 · 15 · 8 · 13 · 12 · 5 · 5 · ·
9 · · · · · · · 12 · · · ·
· 15 · · 16 · 8 · · · · · 10 ·
14 · · · · 5 · 14 · · 5 · · ·
17 · · 11 · 8 · 10 · · 8 · · ·
8 · · · · · 11 · 11 · · 9 ·
7 · · 17 · · · · · 9 · · 5 ·

5		6	1	12	7	22		
16		9	15		5		17	10
	14			8	16			
17			12		13			
	12						19	
9		15		15	13		6	
12					18	10		
	14						12	
19			4	3	1	6	12	

Solution see page 263

11		12	14		3		11	15
8	14		14	8	13			
					11		11	
	6		6	8	12			15
13		10			11			
9		12		9	7	7		9
	13	15		7	14	9		
15		7		5			22	
	9				10			

Solution see page 263

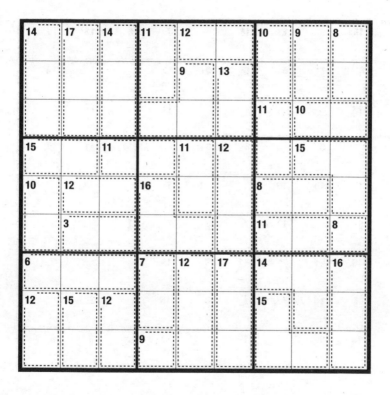

Solution see page 264

Solution see page 264

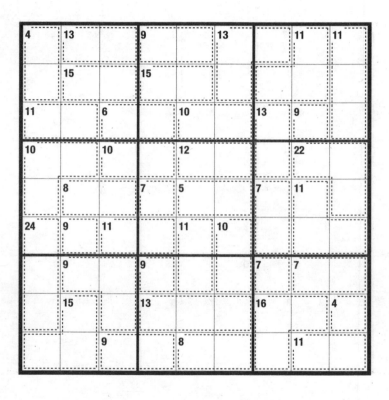

Solution see page 264

12	4	17		12	3		9	14
		8			4	7		
11		16		3	12	12		4
6	17	10	11			11		
					12		17	8
7	5		12		6			
14	9		10		15		9	
	13	8	1	13	8		7	11
		6			11			

Solution see page 265

11		5	1	15	15			6
6	9	9			16	10	4	
1		15					12	
16	6	9	14	14		7		
				4	7	8		17
14				6		7	8	
11		8	9		17	9		4
9			13			11	11	
	17				6		8	

Solution see page 265

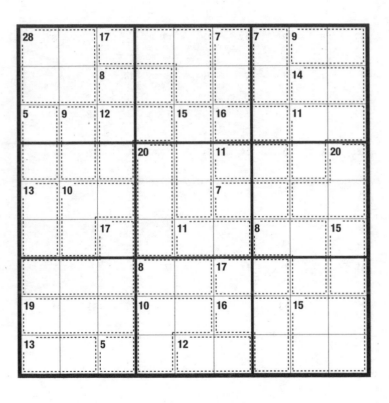

142

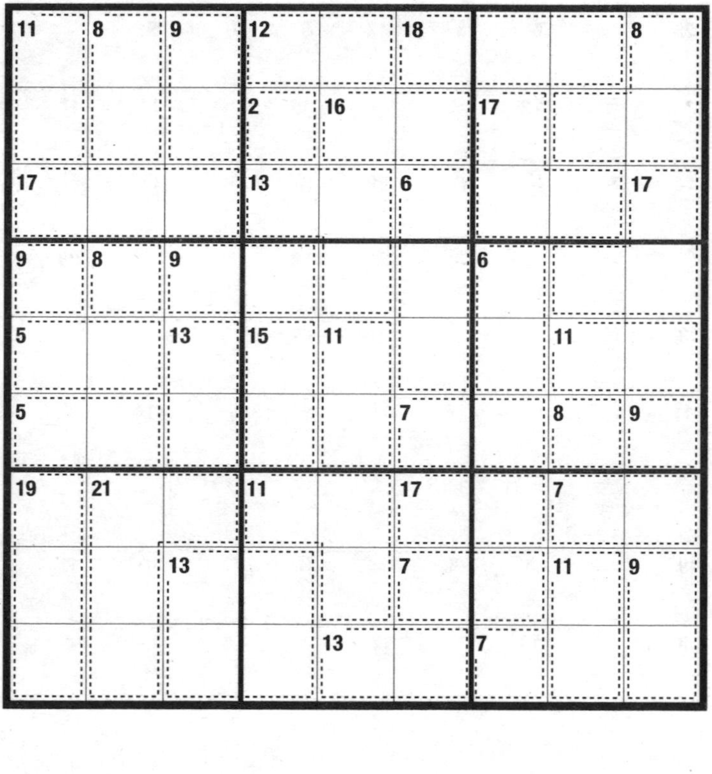

Solution see page 266

Solution see page 266

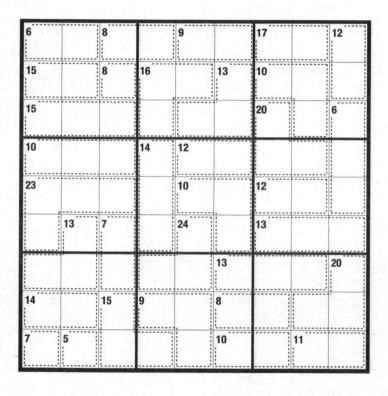

Solution see page 266

6	12		9		17	21	13	3
	12	15		13				
		14					8	
12	16		7	9	16	8		19
		6		6				
14			7		6	17		
	16	9					14	
6		10	17	16	9			13
							9	

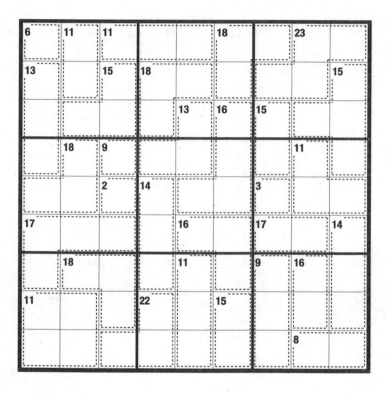

13		11			12		15	14
9		12	17	8				
	15			17		11		
		19			6		11	13
16	11				11			
	8			10			13	
17			10		17		10	
14	5			16				17
	9			18				

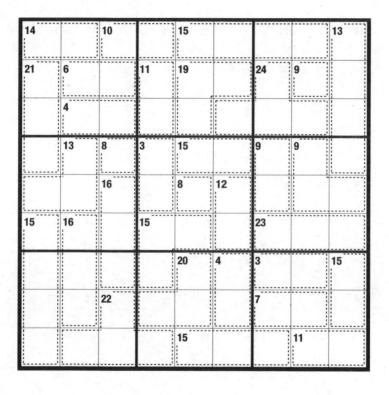

Solution see page 268

11		**13**		**13**	**14**			
9		**9**			**8**	**19**		
8			**9**	**15**	**7**	**12**		**11**
	15					**15**	**10**	
14	**13**	**9**	**16**	**3**				
				8	**11**	**3**	**16**	**11**
	20		**4**					
		18	**7**		**16**		**13**	
			8	**11**			**6**	

15	19			9	6		9	16
		16				7		
4		11	9	10		21		
21			11		14		13	
	9	11						11
			9	14	24		14	
17								
	17			15	8		13	
7		9			16			

Solution see page 268

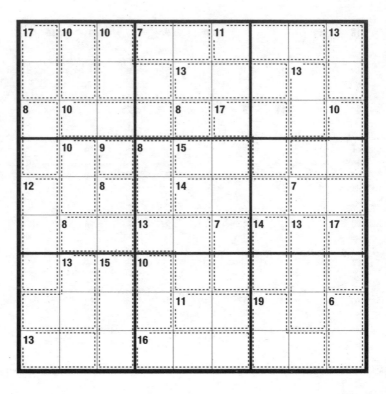

Solution see page 269

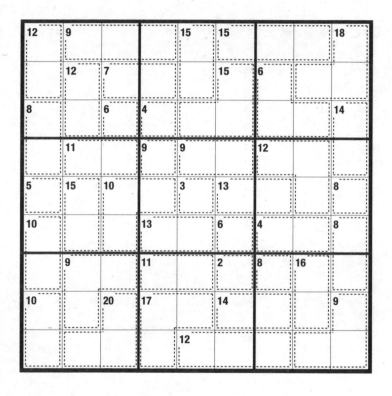

Solution see page 269

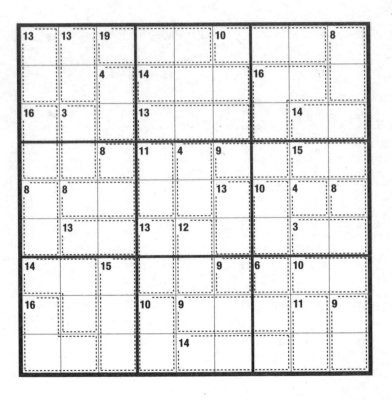

Solution see page 269

9		10		19			6	14
1	16		8		10	9		
12	16							16
	10			13	17			
14		13	6		11			14
9				8	14			
	12	11	15		11	7		7
						17		5
15		14			9		7	

Solution see page 270

10	16		8				16		
	9		10		15		12	12	
	11		12					10	
16			9		2			11	13
8	5	12		9	7				
	7		1	13			17	11	
10		22		5					8
17				18	6		10		
12							15		

8	11		13		12		2	9
	9		11		9		14	
15		5			7	14	8	
6	16		13	14			11	8
9	14							7
			16		16	10		
11						11	11	
13	15			12				12
	1	11		10		11		

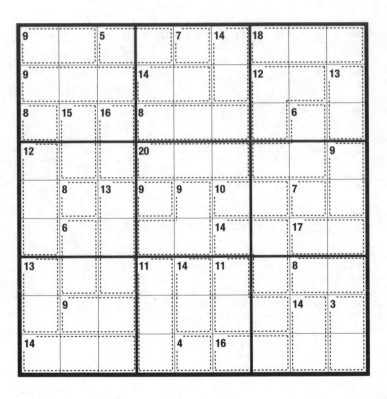

Solution see page 271

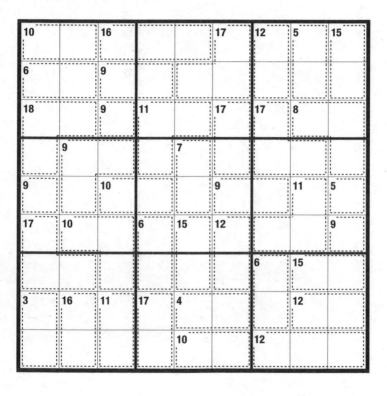

19	12			7	11		7	
		8	9	12		13		
9		17			13		18	11
13			8		10			
	13	10			16			
		15		14	8	7		14
8		10					13	
13	15		7		8	4		
				15		18		

Solution see page 271

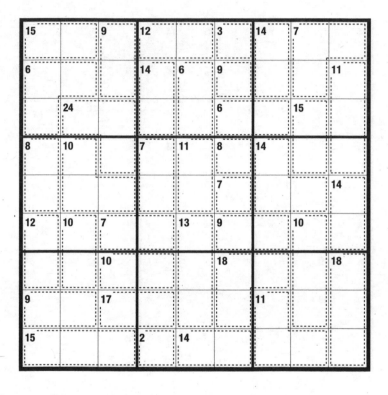

Solution see page 272

Solution see page 272

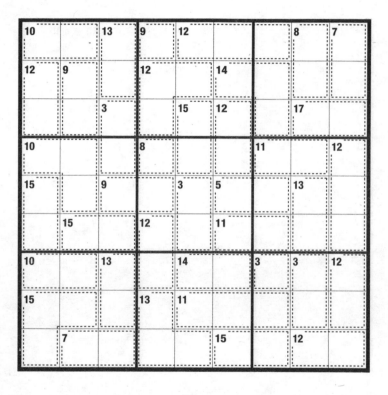

Solution see page 272

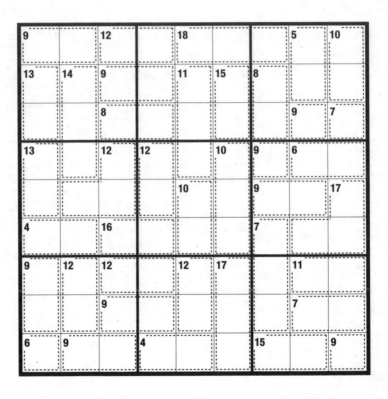

Solution see page 273

13	15	5		5	13	9	2	8
		7	16	7		13		10
	9						9	
17	15		4		12			
	8		15		15	14		
	11		17			8	15	
10				5		8		11
		13	7	14			17	
5	3			9	11			

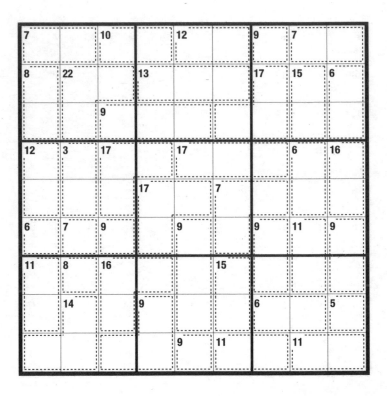

Solution see page 273

9		9			14	10	13	4
16		15						
9		10		17	11		6	15
	11				11			
16			15		9		6	
10	4	18				10	11	15
	13		8					
10	8	6	5	17		14		
				18			12	

Solution see page 274

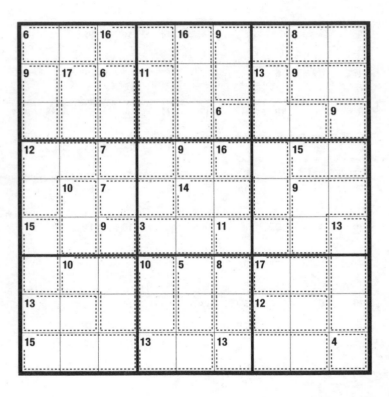

Solution see page 274

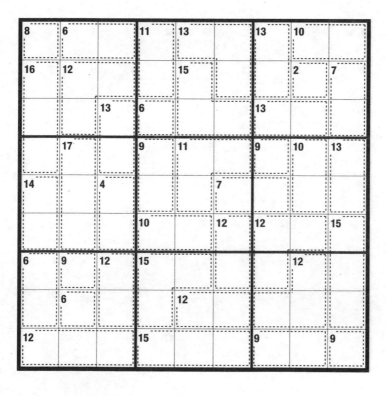

Solution see page 274

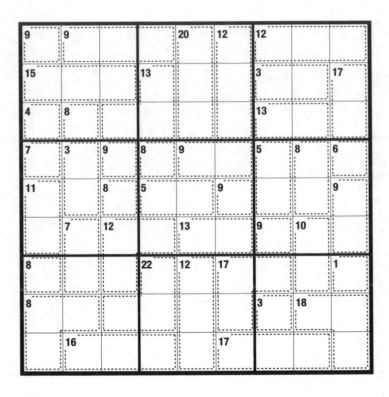

Solution see page 275

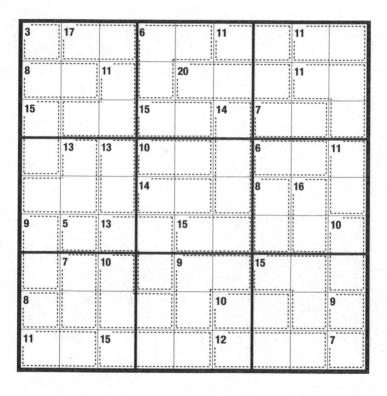

Solution see page 275

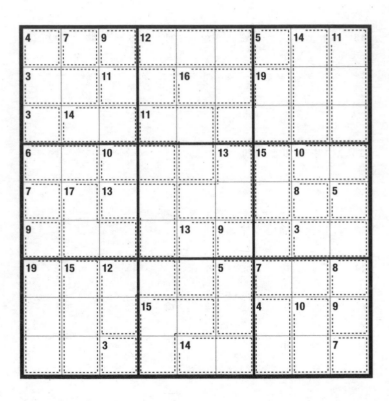

Solution see page 275

13			15	10		5	10	12
7	17				17			
	7	9				15		
3		8		18			12	13
13	14	7		17				
		10	13		12		6	4
10			15					8
	13	9		12	13	15		
		9				14		

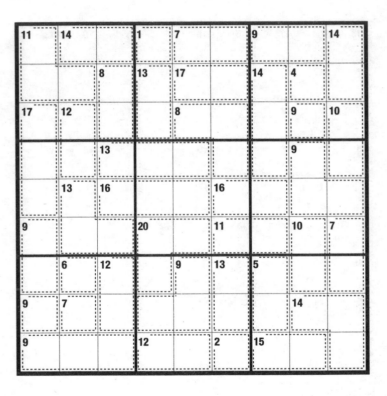

Solution see page 276

Solution see page 276

Solution see page 277

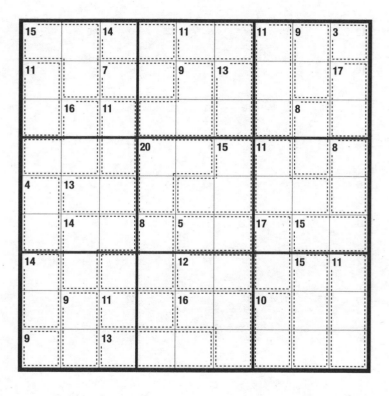

Solution see page 277

4	5	7		8	13	12	11	
5	9		12					16
	16		10	12				
14				6		11		9
12	7	13		15	13		12	
			7		14		9	
12		11		14				10
	13		8			12		
15			4		12		7	5

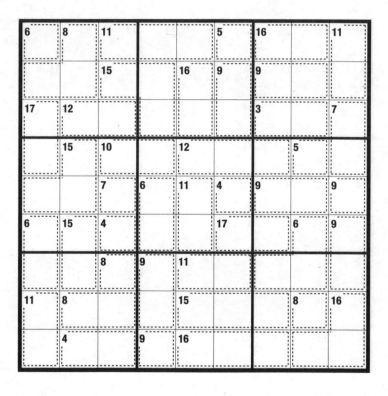

Solution see page 278

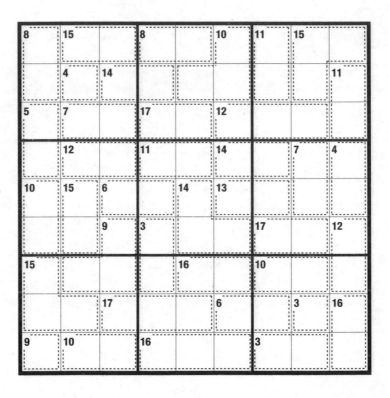

Solution see page 278

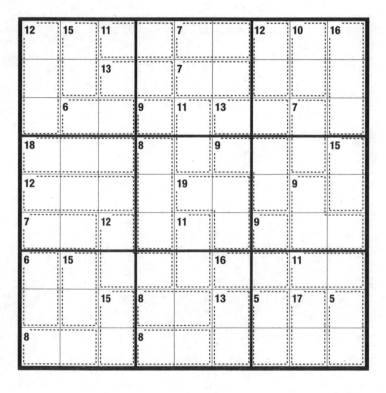

Solution see page 278

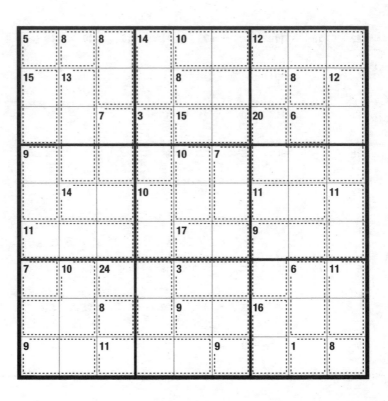

Solution see page 279

7	9	10		6	11	13	16	
4		10					10	
13		11		9				10
11		9	13		18		17	
	13			8	12			8
15		9	5					
	6	15	15		11		8	
			3	7	14		7	8
17					10			7

Solution see page 279

12	14		15	4	7	7	14	
		19			13			17
			7			6	1	
17		9		15	5	5	12	7
9	9		4			15		
		15			7		13	
9	8	9		11		12		
8		7	8			18		8
	14			15				

4	13	17	9	8	14	9		7
			9				9	12
14	20			10	17			
		12					20	1
		10	8	6	6			16
18				13		3		
	10				16		17	
	12		15	13		7	5	
9					6		10	

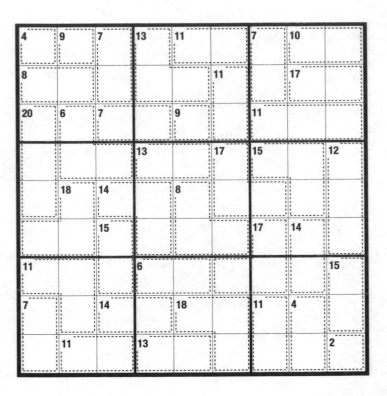

Solution see page 280

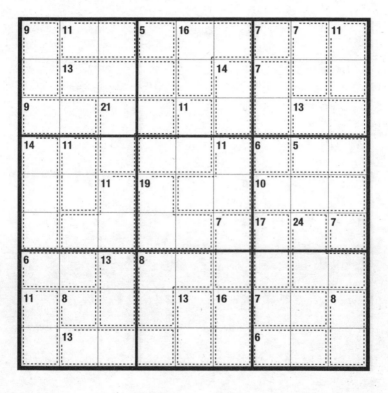

Solution see page 280

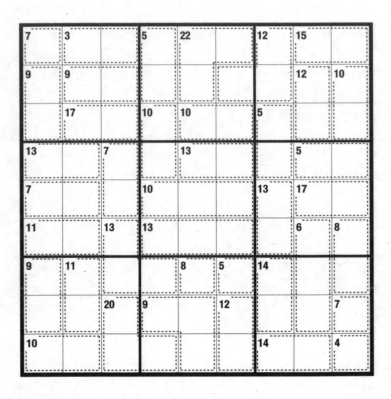

Solution see page 281

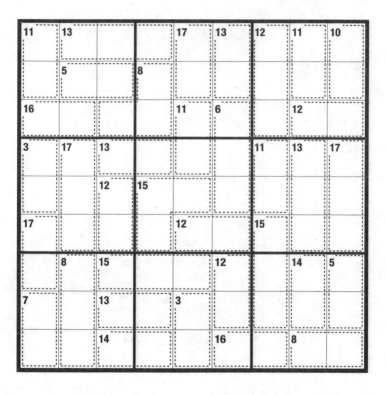

Solution see page 281

8	1	2	11	20			15	
13		14		8	10			9
7					19		12	
13		7		10				12
9		14			14			
9		13			11		11	
16	10		17	14		10		
		12			10		10	
7				5		7	6	9

Solution see page 281

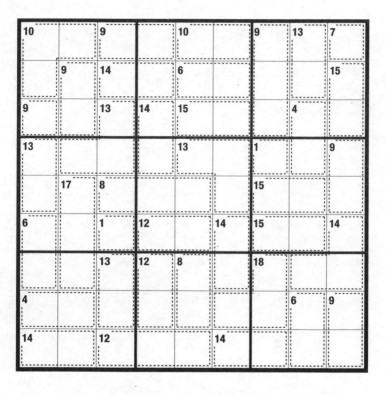

Solution see page 282

Solution see page 282

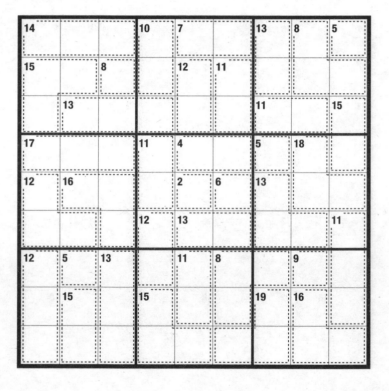

Solution see page 282

17	9	15			12		12	7
		10	6	12				
11				14		12		17
	7	9	8		6		16	
7		8			17			9
7		13		15			11	
	11				6	15		7
3	14	22		18				10
					12			

Solution see page 283

10			15		8	8			4
9		12			9			15	
11	17			9		17	20		
	14	3	11						
		9	13	5		10			6
14	12			13	9	11	8		
			16		4		13		
12			13	7					
6	8	7				17			

9		12			16		8	12
13		12	14		5			
	8		4		12		11	16
7	9		8	17				
18		15		1	11			
	9		14			8	14	
14			15			9	11	10
	7	7		13				
		12		16			8	

Solution see page 284

16	11	13		11		9	7	9
		3	18		16			
4	6						5	9
11	12		16		11	10		
		7		9		11	17	
8	7				19		5	
3	13	17		17		4	6	5
							16	12
16			1	15				

Solution see page 284

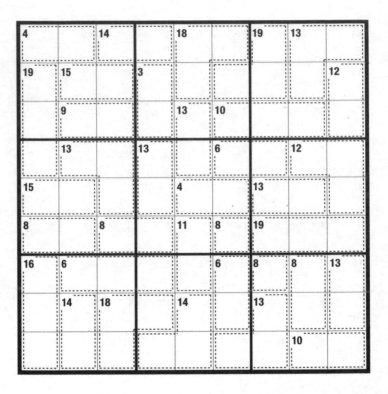

Solution see page 285

14			13		8		11	7
18	8	9	3		15	11		
	9		7				15	
		8	5		8	18		
3		17	14	16		8		8
4					7			6
14		9	10	7		14	16	8
	8			6				
8		15		13		7		

Solution see page 285

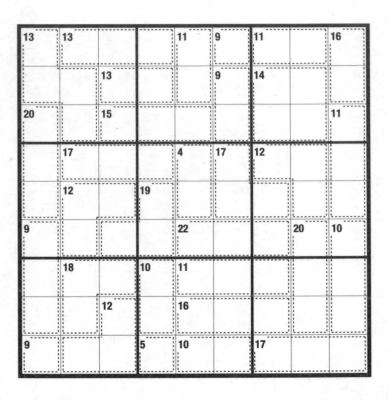

Solution see page 285

8		14		12	20	19		14
7	20							
14		16				13	10	4
			12					
10		11	20		14		20	
15				14				13
15					14	8		
8		17	11					7
				11		14		

10		19		11		7		12
9		15		13			15	
	3			7	15			10
14		13	6		10			
10			12	11	13	10	14	
14							4	
	13	12			18		8	9
9		13		12	19		7	
	8							

14		8		17	19	10		
13		8				11	24	
5			17					
12		10			6		14	
9			14	8		15		
9	12			13	9		18	11
	18							
		20	16			11		
		12			14		8	

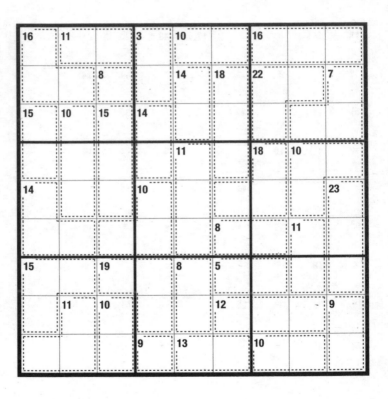

Solution see page 287

11	14			7	23		23	
		9	12			9		
15	11				13			4
	4	11				13	15	3
	4	12	15		9			
17				23	5		11	
	12				6		15	
19			11		3	7		
		11			28			

14 | 15 | 15 | 10
6 | 12 | 17 | 14 | 11
11 | 13 | 12 | 9
24 | 16
1 | 7 | 17 | 15 | 6
6 | 19 | 15
19 | 12 | 19 | 9 | 7
2 | 8
21 | 11 | 12

Solution see page 288

13	13		14		6			16
	7		15		21	17		
6	18	12						
				9		12	12	
18		12		13				17
		14		6			11	
20				15		16		6
22			10	8				
					8	18		

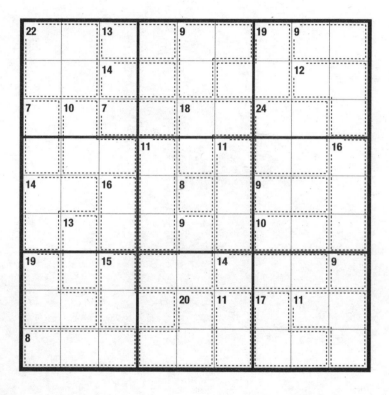

Solution see page 288

SOLUTIONS

1

9	3	8	4	1	6	5	2	7
7	2	4	8	5	9	3	1	6
6	1	5	2	3	7	9	4	8
4	6	7	9	8	2	1	3	5
8	9	1	3	7	5	2	6	4
2	5	3	6	4	1	7	8	9
1	4	6	7	9	3	8	5	2
3	7	2	5	6	8	4	9	1
5	8	9	1	2	4	6	7	3

2

7	4	8	6	9	2	1	3	5
5	1	2	3	4	8	7	6	9
6	9	3	5	1	7	4	8	2
9	3	6	8	2	4	5	1	7
4	8	7	1	6	5	2	9	3
2	5	1	7	3	9	6	4	8
8	7	4	9	5	1	3	2	6
3	2	5	4	8	6	9	7	1
1	6	9	2	7	3	8	5	4

3

9	2	4	3	5	7	6	8	1
7	1	6	8	4	2	9	5	3
3	8	5	1	9	6	7	4	2
4	5	9	2	7	1	8	3	6
8	3	2	4	6	9	1	7	5
6	7	1	5	3	8	2	9	4
2	4	7	6	8	3	5	1	9
5	6	8	9	1	4	3	2	7
1	9	3	7	2	5	4	6	8

SOLUTIONS

1	6	2	8	9	5	4	3	7
5	3	4	6	7	2	1	9	8
7	9	8	3	1	4	2	6	5
9	7	3	1	4	8	5	2	6
2	8	5	9	6	7	3	4	1
4	1	6	2	5	3	7	8	9
8	5	9	4	3	1	6	7	2
3	2	1	7	8	6	9	5	4
6	4	7	5	2	9	8	1	3

2	9	5	1	7	3	4	6	8
7	3	6	5	4	8	2	9	1
1	4	8	6	9	2	7	3	5
4	6	2	9	5	1	8	7	3
9	5	7	8	3	6	1	2	4
8	1	3	4	2	7	6	5	9
3	7	4	2	1	9	5	8	6
5	8	9	7	6	4	3	1	2
6	2	1	3	8	5	9	4	7

8	1	9	7	2	5	3	6	4
7	6	4	3	9	1	8	2	5
3	5	2	4	8	6	7	9	1
2	9	7	6	1	8	4	5	3
6	3	1	5	4	9	2	7	8
4	8	5	2	7	3	9	1	6
9	4	6	1	3	7	5	8	2
1	2	8	9	5	4	6	3	7
5	7	3	8	6	2	1	4	9

7

3	2	4	6	9	1	8	7	5
7	6	8	4	3	5	1	2	9
9	5	1	8	7	2	3	4	6
1	8	5	2	6	3	4	9	7
2	9	6	7	1	4	5	8	3
4	3	7	9	5	8	6	1	2
8	7	9	5	4	6	2	3	1
6	1	2	3	8	9	7	5	4
5	4	3	1	2	7	9	6	8

8

6	7	3	9	1	2	5	4	8
8	9	5	7	3	4	2	6	1
2	1	4	8	6	5	3	9	7
5	3	7	4	8	6	9	1	2
1	4	8	5	2	9	7	3	6
9	6	2	1	7	3	4	8	5
3	8	9	2	5	1	6	7	4
4	5	1	6	9	7	8	2	3
7	2	6	3	4	8	1	5	9

9

2	9	3	1	8	4	5	6	7
6	7	8	5	9	3	2	1	4
1	4	5	7	6	2	8	3	9
4	5	9	2	7	1	3	8	6
8	3	1	4	5	6	7	9	2
7	6	2	8	3	9	1	4	5
5	1	7	6	4	8	9	2	3
9	8	6	3	2	7	4	5	1
3	2	4	9	1	5	6	7	8

SOLUTIONS

10

7	9	6	8	2	4	3	1	5
3	1	8	7	9	5	2	4	6
2	5	4	1	6	3	8	7	9
8	6	9	3	4	7	5	2	1
4	7	1	9	5	2	6	8	3
5	3	2	6	1	8	7	9	4
6	4	3	2	7	1	9	5	8
1	8	7	5	3	9	4	6	2
9	2	5	4	8	6	1	3	7

11

9	7	6	2	3	5	1	4	8
5	8	4	9	6	1	3	7	2
1	3	2	7	8	4	5	6	9
7	9	3	5	4	8	2	1	6
6	2	8	3	1	9	4	5	7
4	5	1	6	7	2	9	8	3
8	6	9	4	5	3	7	2	1
2	4	7	1	9	6	8	3	5
3	1	5	8	2	7	6	9	4

12

7	8	3	2	9	4	1	5	6
6	5	2	1	7	3	9	8	4
9	1	4	6	8	5	3	7	2
3	6	5	9	1	7	4	2	8
8	4	7	5	3	2	6	9	1
2	9	1	4	6	8	7	3	5
1	2	9	3	5	6	8	4	7
5	7	6	8	4	9	2	1	3
4	3	8	7	2	1	5	6	9

⟨13⟩

5	9	6	4	8	2	3	1	7
8	1	2	7	6	3	5	4	9
3	4	7	1	5	9	8	2	6
7	5	8	2	3	1	9	6	4
4	2	1	8	9	6	7	3	5
6	3	9	5	4	7	2	8	1
1	7	4	3	2	5	6	9	8
2	6	5	9	1	8	4	7	3
9	8	3	6	7	4	1	5	2

⟨14⟩

1	8	6	2	3	9	5	7	4
5	7	3	4	1	8	6	9	2
4	2	9	6	7	5	3	1	8
6	5	2	7	9	1	8	4	3
9	1	8	3	4	2	7	6	5
3	4	7	8	5	6	9	2	1
8	9	4	1	6	3	2	5	7
2	6	1	5	8	7	4	3	9
7	3	5	9	2	4	1	8	6

⟨15⟩

1	7	4	8	3	9	2	5	6
5	6	8	1	7	2	3	9	4
2	3	9	6	4	5	1	7	8
4	5	2	9	6	7	8	1	3
3	1	7	4	2	8	5	6	9
8	9	6	5	1	3	4	2	7
9	4	3	2	5	6	7	8	1
7	8	5	3	9	1	6	4	2
6	2	1	7	8	4	9	3	5

SOLUTIONS

16

4	6	8	5	7	1	2	3	9
5	2	9	3	4	6	7	8	1
1	3	7	8	9	2	4	6	5
6	5	1	9	3	7	8	2	4
9	7	3	4	2	8	1	5	6
8	4	2	6	1	5	9	7	3
2	9	4	7	6	3	5	1	8
7	8	6	1	5	9	3	4	2
3	1	5	2	8	4	6	9	7

17

3	5	2	9	1	8	7	4	6
7	1	6	3	4	2	8	5	9
9	8	4	5	6	7	1	2	3
2	7	1	6	8	9	4	3	5
4	9	3	7	5	1	6	8	2
5	6	8	2	3	4	9	7	1
8	3	9	1	7	5	2	6	4
1	4	5	8	2	6	3	9	7
6	2	7	4	9	3	5	1	8

18

2	3	1	6	4	9	8	5	7
5	4	9	3	7	8	2	6	1
8	6	7	1	5	2	9	3	4
4	5	8	9	6	1	7	2	3
1	9	3	2	8	7	6	4	5
6	7	2	5	3	4	1	9	8
3	2	4	8	1	6	5	7	9
9	8	5	7	2	3	4	1	6
7	1	6	4	9	5	3	8	2

19

4	9	5	2	1	8	7	3	6
8	3	7	6	4	5	1	2	9
6	2	1	7	3	9	4	8	5
3	7	6	5	8	4	9	1	2
9	5	4	1	2	7	8	6	3
2	1	8	9	6	3	5	4	7
5	6	2	8	7	1	3	9	4
7	8	3	4	9	6	2	5	1
1	4	9	3	5	2	6	7	8

20

3	4	7	8	1	6	9	5	2
9	8	6	5	3	2	7	4	1
1	2	5	7	4	9	8	3	6
8	1	3	6	5	7	4	2	9
4	6	9	1	2	3	5	8	7
5	7	2	9	8	4	1	6	3
6	9	8	3	7	5	2	1	4
7	5	4	2	6	1	3	9	8
2	3	1	4	9	8	6	7	5

21

4	8	6	3	5	1	9	7	2
3	2	9	7	4	8	1	6	5
5	7	1	2	6	9	3	8	4
9	1	5	8	2	6	4	3	7
7	4	2	9	1	3	6	5	8
8	6	3	4	7	5	2	9	1
2	9	4	5	3	7	8	1	6
6	5	8	1	9	4	7	2	3
1	3	7	6	8	2	5	4	9

SOLUTIONS

22

9	6	1	2	7	3	8	5	4
2	8	5	9	4	6	3	7	1
7	3	4	1	5	8	6	9	2
5	2	8	3	9	4	7	1	6
1	4	7	6	8	2	5	3	9
6	9	3	7	1	5	4	2	8
8	7	6	5	2	9	1	4	3
3	1	2	4	6	7	9	8	5
4	5	9	8	3	1	2	6	7

23

3	7	4	1	2	9	6	8	5
6	5	1	8	4	3	9	7	2
2	9	8	6	7	5	4	1	3
7	4	3	2	5	8	1	9	6
9	8	5	7	1	6	3	2	4
1	6	2	3	9	4	7	5	8
4	1	7	5	6	2	8	3	9
5	3	6	9	8	1	2	4	7
8	2	9	4	3	7	5	6	1

24

6	8	1	2	7	5	9	4	3
7	2	4	3	8	9	6	5	1
5	3	9	6	4	1	2	7	8
9	1	2	5	6	7	3	8	4
4	5	6	8	2	3	7	1	9
3	7	8	1	9	4	5	2	6
1	6	5	4	3	2	8	9	7
2	9	3	7	1	8	4	6	5
8	4	7	9	5	6	1	3	2

25

5	9	8	6	4	1	2	3	7
4	1	2	5	3	7	6	9	8
7	3	6	2	8	9	5	1	4
6	5	7	9	1	8	3	4	2
8	4	9	3	5	2	7	6	1
1	2	3	4	7	6	8	5	9
2	7	5	1	6	4	9	8	3
3	8	1	7	9	5	4	2	6
9	6	4	8	2	3	1	7	5

 26

8	3	5	7	1	4	2	9	6
9	4	2	3	6	8	1	7	5
7	1	6	5	9	2	4	3	8
6	2	7	4	3	1	5	8	9
1	5	8	9	2	7	6	4	3
3	9	4	8	5	6	7	1	2
5	6	9	1	4	3	8	2	7
4	7	3	2	8	5	9	6	1
2	8	1	6	7	9	3	5	4

 27

8	4	6	1	9	2	5	3	7
1	7	2	3	5	6	8	4	9
9	3	5	7	8	4	2	6	1
7	2	1	5	6	9	4	8	3
4	6	3	8	2	1	7	9	5
5	8	9	4	7	3	1	2	6
3	1	7	9	4	8	6	5	2
2	9	4	6	1	5	3	7	8
6	5	8	2	3	7	9	1	4

SOLUTIONS

28

8	2	4	6	1	7	3	5	9
5	6	9	4	3	2	1	7	8
3	7	1	8	5	9	6	4	2
9	5	2	3	4	8	7	6	1
7	1	6	2	9	5	4	8	3
4	8	3	7	6	1	9	2	5
2	9	8	1	7	6	5	3	4
1	4	7	5	2	3	8	9	6
6	3	5	9	8	4	2	1	7

29

2	8	3	1	6	5	4	9	7
5	9	1	7	4	3	2	8	6
7	6	4	8	2	9	1	3	5
1	5	2	9	8	6	3	7	4
9	4	8	3	7	2	6	5	1
3	7	6	5	1	4	9	2	8
4	1	5	2	9	8	7	6	3
6	3	9	4	5	7	8	1	2
8	2	7	6	3	1	5	4	9

30

7	4	3	6	5	2	1	9	8
6	1	2	8	3	9	7	5	4
5	8	9	4	7	1	6	2	3
9	3	4	7	2	6	5	8	1
8	6	7	1	9	5	4	3	2
2	5	1	3	8	4	9	7	6
1	7	5	2	4	3	8	6	9
4	2	8	9	6	7	3	1	5
3	9	6	5	1	8	2	4	7

31

4	8	5	1	7	2	6	3	9
7	3	2	9	6	4	5	1	8
9	6	1	5	3	8	7	4	2
5	7	6	4	8	9	1	2	3
1	4	3	7	2	5	9	8	6
8	2	9	6	1	3	4	5	7
6	1	8	2	5	7	3	9	4
3	9	7	8	4	1	2	6	5
2	5	4	3	9	6	8	7	1

32

7	9	8	5	4	3	6	2	1
1	3	2	8	7	6	5	9	4
6	4	5	2	9	1	8	3	7
4	8	6	1	3	7	9	5	2
3	5	1	9	8	2	7	4	6
9	2	7	4	6	5	3	1	8
8	1	3	7	5	4	2	6	9
2	6	9	3	1	8	4	7	5
5	7	4	6	2	9	1	8	3

33

5	7	6	1	2	4	8	9	3
3	4	1	9	8	6	2	5	7
9	8	2	7	3	5	6	1	4
8	9	5	4	7	1	3	2	6
7	1	3	8	6	2	9	4	5
2	6	4	5	9	3	1	7	8
6	5	9	2	4	8	7	3	1
1	2	8	3	5	7	4	6	9
4	3	7	6	1	9	5	8	2

SOLUTIONS

34

4	6	5	8	7	2	9	3	1
3	2	9	6	1	4	5	7	8
1	8	7	5	3	9	6	2	4
6	3	4	9	5	8	7	1	2
7	9	2	3	6	1	8	4	5
8	5	1	4	2	7	3	6	9
5	4	3	1	8	6	2	9	7
9	7	6	2	4	5	1	8	3
2	1	8	7	9	3	4	5	6

35

3	7	1	5	4	9	2	6	8
9	5	2	1	8	6	7	4	3
8	6	4	2	7	3	9	5	1
7	3	9	8	2	5	4	1	6
1	2	8	4	6	7	3	9	5
6	4	5	9	3	1	8	7	2
2	9	7	6	5	8	1	3	4
4	1	6	3	9	2	5	8	7
5	8	3	7	1	4	6	2	9

36

6	8	2	7	1	9	4	3	5
7	5	1	3	2	4	6	8	9
9	3	4	6	8	5	7	2	1
3	1	7	4	5	6	8	9	2
5	6	9	8	7	2	3	1	4
4	2	8	9	3	1	5	7	6
1	4	3	5	9	8	2	6	7
2	7	6	1	4	3	9	5	8
8	9	5	2	6	7	1	4	3

37

8	6	9	4	1	2	3	7	5
2	3	5	7	6	8	9	1	4
7	1	4	9	3	5	2	6	8
5	7	8	1	2	6	4	9	3
1	9	6	5	4	3	8	2	7
3	4	2	8	9	7	6	5	1
9	5	3	6	7	4	1	8	2
6	2	7	3	8	1	5	4	9
4	8	1	2	5	9	7	3	6

38

8	7	1	4	3	9	2	6	5
5	2	3	7	6	1	9	4	8
4	6	9	2	5	8	3	7	1
7	5	2	1	8	6	4	9	3
1	9	6	3	4	2	8	5	7
3	8	4	9	7	5	6	1	2
6	1	7	8	9	3	5	2	4
2	3	5	6	1	4	7	8	9
9	4	8	5	2	7	1	3	6

39

8	7	1	5	4	3	2	9	6
3	2	4	8	6	9	1	5	7
6	9	5	7	2	1	4	3	8
2	1	9	6	7	4	5	8	3
5	4	8	9	3	2	7	6	1
7	6	3	1	8	5	9	4	2
9	3	7	2	5	8	6	1	4
1	8	2	4	9	6	3	7	5
4	5	6	3	1	7	8	2	9

SOLUTIONS

3	7	8	6	1	9	4	5	2
4	2	1	3	8	5	6	9	7
6	5	9	2	7	4	3	1	8
1	3	5	8	6	7	9	2	4
7	8	6	9	4	2	1	3	5
2	9	4	1	5	3	8	7	6
9	6	3	7	2	8	5	4	1
5	1	7	4	9	6	2	8	3
8	4	2	5	3	1	7	6	9

3	1	8	4	9	6	7	5	2
9	4	5	7	8	2	3	1	6
7	2	6	5	1	3	4	9	8
5	3	1	2	7	4	8	6	9
4	6	7	9	5	8	1	2	3
2	8	9	6	3	1	5	4	7
6	7	4	3	2	5	9	8	1
1	5	3	8	6	9	2	7	4
8	9	2	1	4	7	6	3	5

4	8	9	1	7	3	6	2	5
6	5	3	8	9	2	4	1	7
7	1	2	4	5	6	9	8	3
8	7	1	9	6	4	3	5	2
3	6	5	2	1	8	7	4	9
9	2	4	5	3	7	8	6	1
2	3	7	6	8	1	5	9	4
5	4	8	7	2	9	1	3	6
1	9	6	3	4	5	2	7	8

43

1	8	5	4	2	6	7	3	9
3	2	6	9	5	7	4	8	1
7	4	9	3	1	8	2	5	6
8	7	4	1	6	3	5	9	2
6	9	2	7	8	5	1	4	3
5	1	3	2	4	9	6	7	8
4	3	7	6	9	1	8	2	5
9	5	1	8	7	2	3	6	4
2	6	8	5	3	4	9	1	7

44

5	1	8	9	4	7	2	3	6
4	3	2	8	6	5	1	9	7
6	9	7	1	2	3	4	5	8
1	7	5	3	8	9	6	2	4
9	2	3	6	1	4	7	8	5
8	6	4	7	5	2	3	1	9
3	8	9	4	7	1	5	6	2
7	5	6	2	3	8	9	4	1
2	4	1	5	9	6	8	7	3

45

4	7	6	2	3	9	8	1	5
9	2	5	8	1	6	3	4	7
1	3	8	7	4	5	9	6	2
5	8	4	3	7	2	1	9	6
7	1	9	6	8	4	2	5	3
3	6	2	9	5	1	4	7	8
6	5	3	4	9	8	7	2	1
8	4	1	5	2	7	6	3	9
2	9	7	1	6	3	5	8	4

SOLUTIONS

46

7	9	4	5	1	6	8	2	3
3	8	1	4	2	7	5	6	9
2	6	5	8	9	3	7	1	4
4	5	3	6	7	2	1	9	8
6	1	8	3	5	9	4	7	2
9	2	7	1	8	4	3	5	6
5	4	6	9	3	1	2	8	7
1	3	2	7	6	8	9	4	5
8	7	9	2	4	5	6	3	1

47

9	8	4	3	1	7	5	6	2
3	6	1	2	4	5	9	8	7
2	7	5	6	9	8	1	4	3
6	1	2	8	5	4	7	3	9
7	4	3	9	6	2	8	1	5
8	5	9	7	3	1	4	2	6
1	3	6	4	7	9	2	5	8
5	2	7	1	8	3	6	9	4
4	9	8	5	2	6	3	7	1

48

8	1	6	3	2	4	7	5	9
3	2	5	9	7	6	1	8	4
4	9	7	8	1	5	6	2	3
1	8	4	7	5	9	2	3	6
7	6	2	4	8	3	5	9	1
5	3	9	2	6	1	8	4	7
6	5	3	1	4	8	9	7	2
2	4	1	5	9	7	3	6	8
9	7	8	6	3	2	4	1	5

49

8	4	2	9	5	7	6	3	1
7	1	9	3	6	4	8	2	5
3	5	6	2	8	1	7	4	9
2	6	7	4	1	5	3	9	8
4	9	3	8	7	2	5	1	6
1	8	5	6	3	9	2	7	4
9	7	4	5	2	6	1	8	3
6	3	1	7	4	8	9	5	2
5	2	8	1	9	3	4	6	7

50

2	3	1	6	5	8	7	9	4
9	5	8	7	2	4	1	6	3
7	4	6	3	9	1	8	2	5
8	2	7	1	3	9	5	4	6
3	6	4	8	7	5	9	1	2
5	1	9	2	4	6	3	7	8
4	7	3	9	8	2	6	5	1
6	8	2	5	1	7	4	3	9
1	9	5	4	6	3	2	8	7

51

2	3	8	4	9	6	7	1	5
1	9	4	7	5	8	6	3	2
7	6	5	2	3	1	4	8	9
8	7	9	3	1	4	2	5	6
4	2	6	5	8	9	1	7	3
5	1	3	6	7	2	9	4	8
3	4	1	9	2	5	8	6	7
9	8	7	1	6	3	5	2	4
6	5	2	8	4	7	3	9	1

SOLUTIONS

52

3	2	7	6	5	8	1	9	4
9	6	5	1	2	4	3	7	8
8	4	1	9	3	7	5	6	2
1	9	2	7	8	5	6	4	3
6	8	3	4	1	9	7	2	5
5	7	4	3	6	2	9	8	1
7	3	9	8	4	1	2	5	6
2	1	8	5	9	6	4	3	7
4	5	6	2	7	3	8	1	9

53

1	9	8	4	6	7	2	3	5
3	2	7	5	8	9	1	4	6
5	6	4	2	1	3	8	9	7
7	3	5	6	9	2	4	8	1
8	4	6	1	3	5	9	7	2
9	1	2	8	7	4	6	5	3
6	8	3	9	5	1	7	2	4
2	5	9	7	4	6	3	1	8
4	7	1	3	2	8	5	6	9

54

6	3	7	1	8	4	5	9	2
5	2	4	9	7	6	8	3	1
1	9	8	5	3	2	4	7	6
3	8	5	4	1	9	2	6	7
7	1	2	3	6	8	9	4	5
9	4	6	7	2	5	3	1	8
4	7	9	8	5	1	6	2	3
8	6	3	2	9	7	1	5	4
2	5	1	6	4	3	7	8	9

55

8	9	7	5	4	3	1	2	6
1	5	6	8	7	2	4	3	9
4	3	2	6	1	9	7	5	8
7	8	1	4	6	5	2	9	3
2	4	9	3	8	1	5	6	7
3	6	5	9	2	7	8	1	4
6	2	8	1	3	4	9	7	5
5	7	3	2	9	8	6	4	1
9	1	4	7	5	6	3	8	2

56

5	7	2	8	4	9	6	1	3
8	9	1	3	2	6	4	7	5
4	3	6	7	1	5	2	8	9
2	5	7	4	6	1	9	3	8
6	1	9	2	3	8	7	5	4
3	8	4	9	5	7	1	6	2
1	6	3	5	9	2	8	4	7
9	4	8	6	7	3	5	2	1
7	2	5	1	8	4	3	9	6

57

9	8	7	4	6	2	1	3	5
6	3	4	7	5	1	9	2	8
5	2	1	3	8	9	7	6	4
3	6	8	2	4	7	5	9	1
4	1	2	6	9	5	3	8	7
7	9	5	1	3	8	6	4	2
8	5	3	9	1	4	2	7	6
2	4	6	5	7	3	8	1	9
1	7	9	8	2	6	4	5	3

SOLUTIONS

58

8	2	9	5	7	6	4	1	3
3	7	4	2	1	9	6	8	5
5	6	1	4	3	8	9	2	7
1	5	3	7	9	2	8	4	6
2	9	8	6	4	3	5	7	1
6	4	7	8	5	1	2	3	9
4	3	6	9	2	7	1	5	8
9	1	5	3	8	4	7	6	2
7	8	2	1	6	5	3	9	4

59

8	3	7	1	6	4	9	5	2
1	2	9	7	5	3	6	4	8
4	5	6	2	9	8	1	7	3
3	4	5	8	7	9	2	1	6
2	7	1	6	3	5	8	9	4
6	9	8	4	2	1	5	3	7
5	8	3	9	4	6	7	2	1
7	6	4	5	1	2	3	8	9
9	1	2	3	8	7	4	6	5

60

2	1	6	5	9	7	4	8	3
5	4	3	2	8	6	1	9	7
9	8	7	1	4	3	5	2	6
4	9	8	7	6	5	3	1	2
7	2	5	3	1	8	6	4	9
3	6	1	4	2	9	8	7	5
1	3	4	6	7	2	9	5	8
8	5	2	9	3	4	7	6	1
6	7	9	8	5	1	2	3	4

61

9	5	1	7	2	3	6	4	8
4	3	6	8	5	1	7	9	2
8	2	7	6	9	4	3	5	1
3	8	4	2	7	9	5	1	6
6	9	2	3	1	5	4	8	7
7	1	5	4	8	6	9	2	3
2	4	8	9	3	7	1	6	5
5	6	3	1	4	2	8	7	9
1	7	9	5	6	8	2	3	4

 62

6	3	4	5	1	2	8	9	7
2	8	5	7	9	3	6	4	1
1	9	7	8	6	4	5	3	2
4	5	9	6	3	1	7	2	8
7	6	2	9	8	5	3	1	4
3	1	8	4	2	7	9	5	6
8	4	6	2	5	9	1	7	3
9	2	1	3	7	8	4	6	5
5	7	3	1	4	6	2	8	9

 63

3	7	2	8	6	9	1	5	4
4	5	8	1	2	7	3	6	9
9	6	1	4	5	3	2	8	7
6	2	3	7	9	4	8	1	5
5	1	7	2	8	6	9	4	3
8	9	4	5	3	1	7	2	6
2	4	9	3	1	5	6	7	8
1	3	5	6	7	8	4	9	2
7	8	6	9	4	2	5	3	1

SOLUTIONS

1	8	6	4	9	3	7	2	5
5	3	7	2	8	6	4	9	1
4	2	9	1	7	5	8	3	6
7	9	3	6	1	4	5	8	2
6	5	8	9	2	7	3	1	4
2	1	4	3	5	8	6	7	9
8	7	1	5	4	9	2	6	3
3	4	2	7	6	1	9	5	8
9	6	5	8	3	2	1	4	7

9	1	8	7	6	5	2	3	4
6	2	7	1	4	3	9	5	8
3	5	4	8	2	9	6	7	1
4	6	9	5	3	7	1	8	2
1	3	5	9	8	2	7	4	6
7	8	2	4	1	6	3	9	5
5	9	1	2	7	4	8	6	3
2	4	6	3	9	8	5	1	7
8	7	3	6	5	1	4	2	9

7	1	4	6	2	3	9	5	8
6	8	3	7	5	9	2	1	4
5	2	9	1	4	8	6	7	3
8	7	1	2	6	5	3	4	9
9	6	5	3	7	4	8	2	1
3	4	2	9	8	1	7	6	5
2	5	8	4	3	6	1	9	7
4	9	6	8	1	7	5	3	2
1	3	7	5	9	2	4	8	6

67

7	9	4	6	8	5	1	2	3
6	3	5	4	1	2	8	9	7
2	8	1	9	7	3	4	6	5
5	4	3	2	6	9	7	1	8
8	1	6	5	4	7	2	3	9
9	7	2	8	3	1	5	4	6
1	5	8	3	9	4	6	7	2
3	6	7	1	2	8	9	5	4
4	2	9	7	5	6	3	8	1

 68

8	1	5	3	7	6	4	2	9
4	2	6	8	1	9	7	3	5
7	3	9	2	5	4	1	6	8
9	7	4	1	3	5	6	8	2
1	6	2	9	8	7	5	4	3
5	8	3	4	6	2	9	1	7
2	9	1	5	4	3	8	7	6
3	4	7	6	9	8	2	5	1
6	5	8	7	2	1	3	9	4

 69

1	3	9	4	8	6	5	7	2
5	4	8	2	9	7	3	1	6
7	2	6	3	5	1	8	4	9
8	7	3	9	6	5	4	2	1
2	9	5	8	1	4	6	3	7
4	6	1	7	2	3	9	8	5
3	8	2	6	7	9	1	5	4
9	1	4	5	3	2	7	6	8
6	5	7	1	4	8	2	9	3

SOLUTIONS

4	8	7	9	1	2	3	5	6
1	6	3	8	5	4	2	9	7
5	9	2	6	3	7	4	8	1
7	3	6	1	4	8	9	2	5
2	5	1	7	9	3	6	4	8
9	4	8	2	6	5	1	7	3
3	2	9	5	7	1	8	6	4
6	7	4	3	8	9	5	1	2
8	1	5	4	2	6	7	3	9

2	9	6	5	1	8	7	3	4
3	8	7	2	9	4	6	5	1
5	4	1	6	7	3	8	9	2
9	5	3	7	8	1	2	4	6
7	1	4	3	6	2	9	8	5
6	2	8	4	5	9	3	1	7
8	7	2	1	3	5	4	6	9
4	3	5	9	2	6	1	7	8
1	6	9	8	4	7	5	2	3

6	5	4	3	7	8	1	9	2
7	9	2	6	1	5	3	4	8
1	3	8	2	4	9	5	6	7
9	8	7	1	6	4	2	3	5
4	1	3	8	5	2	6	7	9
2	6	5	7	9	3	4	8	1
8	2	1	4	3	7	9	5	6
5	4	6	9	8	1	7	2	3
3	7	9	5	2	6	8	1	4

73

2	5	7	1	3	6	8	9	4
3	8	1	2	9	4	7	6	5
6	9	4	7	5	8	1	2	3
1	7	6	9	4	3	5	8	2
4	2	9	8	7	5	3	1	6
5	3	8	6	2	1	4	7	9
7	6	5	3	8	2	9	4	1
9	4	2	5	1	7	6	3	8
8	1	3	4	6	9	2	5	7

74

8	3	5	7	4	9	2	1	6
7	1	6	3	8	2	5	9	4
2	4	9	6	1	5	3	7	8
3	2	7	4	6	1	9	8	5
9	5	4	8	2	7	6	3	1
1	6	8	5	9	3	4	2	7
5	7	1	2	3	4	8	6	9
4	8	2	9	7	6	1	5	3
6	9	3	1	5	8	7	4	2

75

6	3	9	7	5	4	8	2	1
8	5	1	3	9	2	4	7	6
7	4	2	1	8	6	9	5	3
2	1	4	8	6	3	5	9	7
5	7	8	9	2	1	3	6	4
9	6	3	5	4	7	1	8	2
4	2	5	6	1	8	7	3	9
3	8	6	4	7	9	2	1	5
1	9	7	2	3	5	6	4	8

SOLUTIONS

76

9	3	4	5	2	1	7	6	8
1	2	6	7	4	8	5	3	9
8	7	5	9	3	6	2	1	4
4	9	2	1	6	5	8	7	3
6	8	3	2	9	7	1	4	5
7	5	1	4	8	3	6	9	2
3	4	8	6	1	2	9	5	7
2	6	7	3	5	9	4	8	1
5	1	9	8	7	4	3	2	6

77

2	5	9	7	8	3	4	6	1
3	6	1	5	2	4	7	8	9
4	8	7	1	6	9	5	2	3
8	3	6	4	5	1	9	7	2
1	4	5	9	7	2	8	3	6
9	7	2	6	3	8	1	4	5
7	1	3	2	4	5	6	9	8
5	2	4	8	9	6	3	1	7
6	9	8	3	1	7	2	5	4

78

4	1	9	3	2	7	5	8	6
2	8	7	5	4	6	3	1	9
5	3	6	1	9	8	2	7	4
9	7	2	4	8	5	1	6	3
6	5	1	7	3	9	4	2	8
8	4	3	2	6	1	9	5	7
7	9	5	6	1	4	8	3	2
1	2	4	8	7	3	6	9	5
3	6	8	9	5	2	7	4	1

79

9	7	4	8	6	3	1	5	2
3	2	1	7	9	5	8	6	4
8	6	5	2	4	1	7	3	9
5	9	6	3	8	7	4	2	1
1	3	2	4	5	9	6	8	7
4	8	7	6	1	2	3	9	5
6	4	9	5	7	8	2	1	3
2	5	8	1	3	4	9	7	6
7	1	3	9	2	6	5	4	8

80

4	8	5	6	9	7	2	1	3
3	2	9	1	4	5	7	6	8
6	7	1	3	2	8	5	9	4
8	6	2	9	5	3	1	4	7
9	3	7	4	6	1	8	5	2
1	5	4	7	8	2	9	3	6
7	1	8	5	3	6	4	2	9
5	9	3	2	7	4	6	8	1
2	4	6	8	1	9	3	7	5

81

9	7	4	2	1	6	5	3	8
2	8	3	9	7	5	1	4	6
1	5	6	3	8	4	9	7	2
8	9	2	6	5	7	3	1	4
6	4	7	8	3	1	2	5	9
5	3	1	4	2	9	6	8	7
3	6	9	5	4	8	7	2	1
7	2	8	1	9	3	4	6	5
4	1	5	7	6	2	8	9	3

SOLUTIONS

1	6	2	5	9	8	4	7	3
8	7	5	3	4	6	2	1	9
4	3	9	7	1	2	6	8	5
9	2	3	4	8	7	1	5	6
6	5	1	9	2	3	8	4	7
7	8	4	6	5	1	3	9	2
2	9	7	1	3	4	5	6	8
5	4	8	2	6	9	7	3	1
3	1	6	8	7	5	9	2	4

5	7	9	1	6	3	8	2	4
8	3	4	7	2	9	1	6	5
6	2	1	8	4	5	9	3	7
7	4	6	2	5	1	3	8	9
1	8	3	4	9	7	2	5	6
2	9	5	6	3	8	4	7	1
9	6	7	3	8	4	5	1	2
3	5	2	9	1	6	7	4	8
4	1	8	5	7	2	6	9	3

5	7	4	6	9	3	1	8	2
9	3	2	1	7	8	4	6	5
6	1	8	5	2	4	9	3	7
8	2	7	9	3	5	6	4	1
4	5	1	7	8	6	2	9	3
3	6	9	2	4	1	5	7	8
2	8	6	4	5	7	3	1	9
7	4	5	3	1	9	8	2	6
1	9	3	8	6	2	7	5	4

85

1	2	9	3	8	4	7	5	6
6	4	7	5	1	9	2	8	3
3	8	5	2	7	6	1	4	9
2	5	1	8	9	7	6	3	4
7	6	8	4	3	2	9	1	5
9	3	4	1	6	5	8	7	2
8	9	6	7	4	3	5	2	1
5	1	3	6	2	8	4	9	7
4	7	2	9	5	1	3	6	8

86

1	7	5	8	6	4	9	2	3
2	8	3	1	7	9	4	5	6
4	9	6	3	5	2	7	8	1
6	4	1	9	8	5	2	3	7
3	2	8	6	1	7	5	9	4
7	5	9	4	2	3	6	1	8
9	1	7	5	4	8	3	6	2
8	3	2	7	9	6	1	4	5
5	6	4	2	3	1	8	7	9

87

8	7	2	3	9	6	5	4	1
5	3	4	7	1	8	2	9	6
1	9	6	4	2	5	3	8	7
3	2	1	8	6	4	9	7	5
7	4	8	5	3	9	1	6	2
6	5	9	1	7	2	4	3	8
2	8	7	9	4	1	6	5	3
4	6	5	2	8	3	7	1	9
9	1	3	6	5	7	8	2	4

SOLUTIONS

88

9	1	8	4	7	6	3	2	5
4	5	2	9	8	3	7	6	1
7	6	3	2	1	5	4	8	9
3	4	5	1	9	8	6	7	2
1	8	7	6	4	2	9	5	3
2	9	6	3	5	7	8	1	4
5	3	1	8	6	9	2	4	7
6	2	4	7	3	1	5	9	8
8	7	9	5	2	4	1	3	6

89

9	3	8	5	7	6	4	2	1
2	7	1	8	4	9	5	6	3
6	5	4	2	3	1	9	8	7
1	9	5	7	8	3	6	4	2
4	6	7	9	2	5	1	3	8
3	8	2	1	6	4	7	5	9
5	2	9	4	1	8	3	7	6
7	4	6	3	9	2	8	1	5
8	1	3	6	5	7	2	9	4

90

3	8	2	7	4	1	9	5	6
7	6	9	2	5	8	1	3	4
5	1	4	9	6	3	7	8	2
4	3	5	8	1	6	2	9	7
6	9	7	4	3	2	5	1	8
1	2	8	5	9	7	6	4	3
9	7	1	3	2	4	8	6	5
8	4	6	1	7	5	3	2	9
2	5	3	6	8	9	4	7	1

91

8	6	7	1	3	4	9	5	2
5	2	1	7	6	9	8	4	3
4	3	9	8	5	2	1	6	7
9	7	5	3	2	6	4	1	8
3	1	8	4	9	7	5	2	6
6	4	2	5	8	1	3	7	9
1	9	4	2	7	3	6	8	5
2	8	6	9	4	5	7	3	1
7	5	3	6	1	8	2	9	4

92

8	9	5	4	1	6	7	3	2
3	1	7	2	5	9	8	6	4
2	4	6	3	7	8	5	1	9
5	8	3	9	4	1	2	7	6
9	6	1	7	8	2	3	4	5
7	2	4	5	6	3	1	9	8
1	7	8	6	2	4	9	5	3
6	5	9	8	3	7	4	2	1
4	3	2	1	9	5	6	8	7

93

1	5	2	7	8	3	9	4	6
9	7	3	2	4	6	1	5	8
4	8	6	9	1	5	7	3	2
6	4	9	8	5	2	3	7	1
5	1	7	6	3	4	2	8	9
3	2	8	1	7	9	5	6	4
7	9	4	3	6	1	8	2	5
8	6	1	5	2	7	4	9	3
2	3	5	4	9	8	6	1	7

SOLUTIONS

94

3	6	7	2	5	8	4	9	1
1	8	9	4	3	6	5	7	2
5	2	4	9	1	7	8	3	6
9	1	8	6	7	3	2	5	4
6	4	5	8	2	9	7	1	3
7	3	2	5	4	1	9	6	8
8	9	1	7	6	2	3	4	5
2	5	6	3	9	4	1	8	7
4	7	3	1	8	5	6	2	9

95

9	6	1	7	4	2	8	3	5
4	3	7	5	1	8	9	2	6
8	5	2	3	9	6	1	4	7
7	9	8	6	3	5	2	1	4
2	4	6	1	7	9	3	5	8
5	1	3	8	2	4	6	7	9
6	2	9	4	5	1	7	8	3
3	8	5	2	6	7	4	9	1
1	7	4	9	8	3	5	6	2

96

7	3	4	6	5	9	2	8	1
8	9	6	2	1	4	3	5	7
1	2	5	8	7	3	4	9	6
6	8	9	3	2	7	5	1	4
2	4	1	9	8	5	7	6	3
3	5	7	1	4	6	8	2	9
5	7	2	4	9	1	6	3	8
4	1	3	5	6	8	9	7	2
9	6	8	7	3	2	1	4	5

97

9	8	5	4	7	3	2	6	1
2	1	3	9	8	6	5	7	4
7	6	4	5	2	1	3	9	8
4	2	8	3	6	5	9	1	7
5	9	6	2	1	7	8	4	3
1	3	7	8	4	9	6	2	5
6	4	2	1	5	8	7	3	9
8	7	9	6	3	4	1	5	2
3	5	1	7	9	2	4	8	6

98

5	9	2	1	6	3	4	8	7
8	7	6	4	5	9	1	2	3
3	1	4	8	2	7	9	6	5
6	2	5	9	4	1	3	7	8
4	8	7	2	3	6	5	1	9
9	3	1	5	7	8	2	4	6
1	5	3	7	8	2	6	9	4
7	4	9	6	1	5	8	3	2
2	6	8	3	9	4	7	5	1

99

6	3	7	1	2	8	4	9	5
1	4	5	9	6	7	8	3	2
9	2	8	5	3	4	1	7	6
4	8	1	2	5	3	7	6	9
3	5	6	4	7	9	2	1	8
2	7	9	8	1	6	3	5	4
7	9	3	6	8	2	5	4	1
5	6	2	7	4	1	9	8	3
8	1	4	3	9	5	6	2	7

SOLUTIONS

100

7	9	2	8	1	6	3	4	5
3	5	1	7	4	2	8	9	6
8	4	6	9	3	5	2	1	7
5	1	7	4	2	3	9	6	8
6	3	4	5	8	9	7	2	1
9	2	8	1	6	7	5	3	4
1	8	9	3	7	4	6	5	2
2	7	3	6	5	1	4	8	9
4	6	5	2	9	8	1	7	3

101

6	9	5	2	8	1	7	3	4
7	4	1	9	5	3	6	8	2
2	8	3	7	4	6	5	9	1
5	1	7	4	2	9	8	6	3
4	2	8	6	3	7	1	5	9
3	6	9	5	1	8	2	4	7
1	7	6	8	9	4	3	2	5
8	5	4	3	7	2	9	1	6
9	3	2	1	6	5	4	7	8

102

2	8	9	4	3	5	6	1	7
1	6	4	9	7	8	2	5	3
7	5	3	6	1	2	8	4	9
8	4	5	3	6	9	7	2	1
3	1	7	8	2	4	9	6	5
6	9	2	7	5	1	3	8	4
9	2	8	1	4	7	5	3	6
4	7	6	5	8	3	1	9	2
5	3	1	2	9	6	4	7	8

103

9	4	3	5	1	7	6	8	2
5	8	1	6	4	2	7	3	9
2	7	6	8	9	3	1	4	5
7	5	8	3	6	1	2	9	4
1	9	2	4	5	8	3	6	7
6	3	4	7	2	9	8	5	1
4	6	7	2	3	5	9	1	8
3	2	9	1	8	4	5	7	6
8	1	5	9	7	6	4	2	3

104

5	3	4	8	2	6	9	1	7
6	8	9	5	1	7	3	4	2
2	7	1	9	3	4	8	5	6
3	2	5	6	7	8	4	9	1
8	4	7	3	9	1	6	2	5
9	1	6	4	5	2	7	8	3
1	9	3	7	4	5	2	6	8
4	5	8	2	6	3	1	7	9
7	6	2	1	8	9	5	3	4

105

8	2	3	1	7	5	4	6	9
1	4	9	6	8	2	5	7	3
5	6	7	3	4	9	8	1	2
4	8	2	9	6	1	7	3	5
9	3	5	4	2	7	6	8	1
6	7	1	8	5	3	9	2	4
2	9	8	5	3	6	1	4	7
7	5	4	2	1	8	3	9	6
3	1	6	7	9	4	2	5	8

SOLUTIONS

106

4	3	7	1	6	8	9	2	5
2	1	5	7	9	3	6	4	8
9	6	8	4	5	2	3	7	1
7	9	2	8	3	4	1	5	6
8	5	3	6	2	1	7	9	4
1	4	6	9	7	5	8	3	2
3	8	1	2	4	9	5	6	7
5	7	4	3	1	6	2	8	9
6	2	9	5	8	7	4	1	3

107

2	8	5	7	9	3	4	6	1
3	9	4	1	6	8	2	7	5
7	1	6	4	5	2	8	3	9
5	3	2	6	8	1	7	9	4
1	4	9	5	2	7	3	8	6
6	7	8	9	3	4	1	5	2
8	6	7	2	4	5	9	1	3
9	2	1	3	7	6	5	4	8
4	5	3	8	1	9	6	2	7

108

1	8	3	6	5	9	2	4	7
5	4	9	8	7	2	6	1	3
7	2	6	4	3	1	8	9	5
9	3	8	2	1	6	7	5	4
4	5	7	9	8	3	1	2	6
2	6	1	5	4	7	9	3	8
8	9	5	7	2	4	3	6	1
6	1	4	3	9	8	5	7	2
3	7	2	1	6	5	4	8	9

109

9	3	4	2	1	7	8	5	6
7	6	8	9	4	5	2	3	1
2	1	5	3	6	8	7	9	4
1	8	6	7	3	2	5	4	9
3	5	9	1	8	4	6	7	2
4	2	7	5	9	6	3	1	8
8	7	2	4	5	1	9	6	3
5	9	1	6	2	3	4	8	7
6	4	3	8	7	9	1	2	5

110

1	5	2	6	8	9	4	7	3
6	7	4	3	1	5	9	8	2
8	9	3	2	4	7	1	6	5
2	3	1	4	7	6	5	9	8
5	8	6	1	9	2	7	3	4
9	4	7	5	3	8	2	1	6
7	2	5	8	6	1	3	4	9
4	6	9	7	5	3	8	2	1
3	1	8	9	2	4	6	5	7

111

1	7	5	8	9	4	3	2	6
8	2	6	5	3	1	7	4	9
4	3	9	2	7	6	5	1	8
5	1	7	3	2	8	9	6	4
9	8	3	6	4	7	2	5	1
6	4	2	9	1	5	8	7	3
2	5	1	4	8	3	6	9	7
3	6	4	7	5	9	1	8	2
7	9	8	1	6	2	4	3	5

SOLUTIONS

112

5	1	8	6	9	4	7	3	2
3	9	4	7	1	2	6	5	8
2	7	6	5	3	8	4	1	9
9	4	3	8	7	1	5	2	6
1	2	5	4	6	9	8	7	3
6	8	7	2	5	3	1	9	4
7	5	2	3	8	6	9	4	1
4	6	9	1	2	5	3	8	7
8	3	1	9	4	7	2	6	5

113

8	5	6	4	2	7	9	1	3
2	4	7	1	3	9	6	8	5
3	1	9	6	5	8	4	7	2
7	3	5	8	1	6	2	4	9
6	2	8	9	4	5	1	3	7
1	9	4	2	7	3	8	5	6
5	6	2	7	8	1	3	9	4
4	8	3	5	9	2	7	6	1
9	7	1	3	6	4	5	2	8

114

4	7	8	2	5	6	3	1	9
9	3	2	1	4	7	5	6	8
1	6	5	8	3	9	4	7	2
3	2	6	9	7	4	8	5	1
8	4	7	5	6	1	2	9	3
5	9	1	3	2	8	6	4	7
7	5	3	4	9	2	1	8	6
6	8	4	7	1	3	9	2	5
2	1	9	6	8	5	7	3	4

115

3	1	9	4	7	2	6	5	8
8	7	2	3	6	5	4	9	1
5	6	4	9	8	1	2	3	7
4	3	8	5	1	7	9	6	2
1	5	6	2	9	8	3	7	4
2	9	7	6	4	3	8	1	5
9	4	1	8	5	6	7	2	3
7	8	3	1	2	9	5	4	6
6	2	5	7	3	4	1	8	9

116

2	6	7	1	9	3	5	4	8
1	5	3	8	7	4	6	2	9
9	4	8	2	5	6	7	3	1
6	8	1	7	2	5	3	9	4
3	2	5	4	1	9	8	7	6
4	7	9	6	3	8	2	1	5
5	3	2	9	8	1	4	6	7
7	9	4	5	6	2	1	8	3
8	1	6	3	4	7	9	5	2

117

9	2	1	4	6	8	3	5	7
7	6	8	3	2	5	9	4	1
3	5	4	1	7	9	2	6	8
6	8	3	7	5	2	4	1	9
1	4	2	6	9	3	7	8	5
5	9	7	8	1	4	6	3	2
4	7	5	2	8	6	1	9	3
2	3	9	5	4	1	8	7	6
8	1	6	9	3	7	5	2	4

SOLUTIONS

118

7	3	4	2	6	1	5	8	9
8	1	9	3	7	5	6	4	2
6	5	2	9	8	4	1	7	3
5	7	3	8	4	6	9	2	1
9	4	8	1	5	2	7	3	6
1	2	6	7	3	9	8	5	4
4	8	7	6	9	3	2	1	5
2	9	5	4	1	8	3	6	7
3	6	1	5	2	7	4	9	8

119

2	4	6	8	5	9	3	7	1
5	8	3	6	1	7	9	4	2
1	7	9	2	4	3	5	8	6
3	1	8	5	7	4	2	6	9
9	2	5	1	8	6	4	3	7
4	6	7	3	9	2	1	5	8
7	3	2	4	6	1	8	9	5
6	5	4	9	2	8	7	1	3
8	9	1	7	3	5	6	2	4

120

1	8	2	9	4	6	3	5	7
5	9	7	3	8	1	6	2	4
4	6	3	2	7	5	1	8	9
7	4	9	8	1	3	2	6	5
6	3	5	4	2	9	7	1	8
2	1	8	6	5	7	9	4	3
8	2	6	7	9	4	5	3	1
9	5	4	1	3	2	8	7	6
3	7	1	5	6	8	4	9	2

121

3	2	7	5	8	9	6	4	1
8	4	5	6	7	1	3	9	2
6	1	9	2	4	3	5	8	7
2	9	8	3	6	4	7	1	5
5	6	3	7	1	8	4	2	9
1	7	4	9	5	2	8	6	3
4	3	2	8	9	7	1	5	6
9	8	6	1	3	5	2	7	4
7	5	1	4	2	6	9	3	8

122

7	4	2	8	1	3	9	6	5
5	8	1	9	6	7	3	4	2
9	3	6	4	5	2	7	8	1
3	7	4	5	9	1	6	2	8
6	1	9	2	3	8	4	5	7
8	2	5	7	4	6	1	9	3
2	6	8	3	7	4	5	1	9
1	5	3	6	2	9	8	7	4
4	9	7	1	8	5	2	3	6

123

3	1	7	2	4	8	9	6	5
6	2	8	5	9	1	4	7	3
5	9	4	7	6	3	1	8	2
9	3	1	4	8	2	6	5	7
4	6	5	3	7	9	8	2	1
8	7	2	6	1	5	3	4	9
1	4	6	9	2	7	5	3	8
7	5	9	8	3	4	2	1	6
2	8	3	1	5	6	7	9	4

SOLUTIONS

124

7	1	8	4	6	5	3	9	2
6	3	2	7	9	1	4	5	8
4	9	5	3	2	8	1	7	6
5	6	9	2	8	4	7	3	1
3	2	1	9	5	7	8	6	4
8	4	7	1	3	6	9	2	5
9	5	3	8	4	2	6	1	7
2	7	4	6	1	9	5	8	3
1	8	6	5	7	3	2	4	9

125

5	4	6	9	1	8	3	2	7
2	7	3	4	5	6	1	9	8
1	8	9	7	2	3	5	4	6
6	1	8	2	4	5	9	7	3
7	2	4	6	3	9	8	5	1
9	3	5	1	8	7	2	6	4
3	9	1	5	7	4	6	8	2
8	6	7	3	9	2	4	1	5
4	5	2	8	6	1	7	3	9

126

2	8	4	9	1	7	6	3	5
6	1	3	5	8	4	2	9	7
7	5	9	3	2	6	4	1	8
9	4	1	2	7	5	8	6	3
5	6	7	8	3	9	1	2	4
8	3	2	6	4	1	7	5	9
3	7	6	1	9	8	5	4	2
4	9	5	7	6	2	3	8	1
1	2	8	4	5	3	9	7	6

127

5	8	1	9	6	7	2	3	4
9	4	3	5	1	2	6	7	8
7	2	6	3	4	8	9	1	5
2	9	5	8	3	4	7	6	1
6	3	8	1	7	5	4	9	2
4	1	7	6	2	9	5	8	3
1	5	4	7	8	6	3	2	9
8	6	2	4	9	3	1	5	7
3	7	9	2	5	1	8	4	6

128

9	5	3	4	6	2	1	7	8
1	6	4	7	8	5	3	9	2
2	7	8	9	3	1	4	6	5
8	9	5	1	4	6	2	3	7
3	1	6	2	5	7	9	8	4
4	2	7	3	9	8	6	5	1
7	3	9	8	1	4	5	2	6
6	8	1	5	2	9	7	4	3
5	4	2	6	7	3	8	1	9

129

2	8	3	7	1	9	6	4	5
4	7	5	8	3	6	1	2	9
9	1	6	5	4	2	8	7	3
3	5	9	1	2	4	7	8	6
7	4	1	3	6	8	9	5	2
6	2	8	9	7	5	4	3	1
5	6	2	4	9	7	3	1	8
1	9	7	2	8	3	5	6	4
8	3	4	6	5	1	2	9	7

SOLUTIONS

7	1	4	5	9	3	8	6	2
6	5	8	2	7	4	1	3	9
9	2	3	6	1	8	4	5	7
2	9	1	8	6	7	5	4	3
8	4	5	3	2	1	7	9	6
3	6	7	9	4	5	2	8	1
1	7	6	4	8	9	3	2	5
5	8	2	1	3	6	9	7	4
4	3	9	7	5	2	6	1	8

2	3	6	7	5	8	1	9	4
8	9	7	1	4	3	6	2	5
4	1	5	9	2	6	3	8	7
6	5	8	4	1	7	9	3	2
9	7	3	2	8	5	4	1	6
1	2	4	3	6	9	5	7	8
5	4	9	8	7	1	2	6	3
7	6	1	5	3	2	8	4	9
3	8	2	6	9	4	7	5	1

7	8	4	2	1	6	3	9	5
3	5	6	9	7	8	1	2	4
2	1	9	4	5	3	6	7	8
9	6	8	5	3	2	4	1	7
5	4	2	1	9	7	8	6	3
1	7	3	8	6	4	2	5	9
8	9	7	6	4	1	5	3	2
4	3	1	7	2	5	9	8	6
6	2	5	3	8	9	7	4	1

133

1	5	4	3	7	2	6	9	8
6	2	3	4	8	9	5	7	1
8	9	7	5	6	1	4	2	3
5	6	1	8	2	4	9	3	7
4	7	8	9	3	5	2	1	6
2	3	9	7	1	6	8	5	4
9	8	5	1	4	7	3	6	2
3	1	6	2	5	8	7	4	9
7	4	2	6	9	3	1	8	5

134

3	2	6	1	4	7	8	5	9
5	4	1	9	8	3	2	6	7
7	9	8	6	2	5	4	3	1
9	1	4	3	5	6	7	8	2
8	5	7	2	1	4	3	9	6
6	3	2	7	9	8	5	1	4
4	7	5	8	6	9	1	2	3
1	6	3	5	7	2	9	4	8
2	8	9	4	3	1	6	7	5

135

4	7	9	8	6	1	2	3	5
2	6	3	7	5	9	4	8	1
1	8	5	2	3	4	7	6	9
5	2	4	6	8	3	9	1	7
9	3	7	1	2	5	6	4	8
6	1	8	4	9	7	5	2	3
3	4	6	9	7	8	1	5	2
8	9	2	5	1	6	3	7	4
7	5	1	3	4	2	8	9	6

SOLUTIONS

2	8	7	4	9	3	1	5	6
3	5	1	7	6	8	9	4	2
9	4	6	1	2	5	8	3	7
8	7	5	6	4	2	3	9	1
4	3	9	8	7	1	6	2	5
6	1	2	3	5	9	4	7	8
1	2	3	5	8	4	7	6	9
7	9	8	2	3	6	5	1	4
5	6	4	9	1	7	2	8	3

7	5	3	8	2	6	1	9	4
8	1	4	3	7	9	5	2	6
9	6	2	4	5	1	3	7	8
5	2	6	1	8	3	9	4	7
1	9	7	6	4	2	8	5	3
4	3	8	7	9	5	6	1	2
3	8	9	2	1	7	4	6	5
2	4	5	9	6	8	7	3	1
6	7	1	5	3	4	2	8	9

3	4	9	1	8	2	6	5	7
1	8	7	6	9	5	2	4	3
6	5	2	4	7	3	8	9	1
4	1	8	2	3	9	5	7	6
5	2	6	7	4	1	3	8	9
7	9	3	8	5	6	4	1	2
8	3	1	9	6	4	7	2	5
9	7	5	3	2	8	1	6	4
2	6	4	5	1	7	9	3	8

139

4	3	9	8	7	1	2	6	5
8	1	2	6	5	4	7	3	9
6	5	7	9	2	3	8	4	1
5	8	6	2	1	9	4	7	3
1	9	4	3	6	7	5	8	2
7	2	3	4	8	5	1	9	6
2	4	5	7	3	6	9	1	8
3	7	8	1	9	2	6	5	4
9	6	1	5	4	8	3	2	7

140

8	3	5	1	7	2	4	9	6
6	7	4	5	8	9	2	3	1
1	2	9	6	3	4	8	7	5
7	5	3	9	6	8	1	4	2
9	1	6	2	4	7	3	5	8
4	8	2	3	5	1	7	6	9
5	6	7	8	1	3	9	2	4
2	4	1	7	9	5	6	8	3
3	9	8	4	2	6	5	1	7

141

4	9	2	7	5	6	3	8	1
7	8	6	2	3	1	4	9	5
3	5	1	4	8	9	7	2	6
2	4	7	8	1	5	6	3	9
8	1	3	9	6	2	5	7	4
5	6	9	3	7	4	2	1	8
1	3	4	6	2	8	9	5	7
9	2	8	5	4	7	1	6	3
6	7	5	1	9	3	8	4	2

SOLUTIONS

142

7	5	1	8	4	6	9	3	2
4	3	8	2	9	7	6	5	1
2	6	9	5	1	3	4	7	8
9	8	5	4	7	2	1	6	3
3	2	6	9	8	1	5	4	7
1	4	7	6	3	5	2	8	9
5	7	4	3	2	9	8	1	6
8	1	2	7	6	4	3	9	5
6	9	3	1	5	8	7	2	4

143

9	7	5	8	3	2	6	1	4
6	1	8	4	9	7	3	5	2
4	2	3	6	1	5	9	7	8
8	3	1	5	4	9	7	2	6
5	4	2	3	7	6	1	8	9
7	6	9	1	2	8	5	4	3
3	5	4	2	6	1	8	9	7
1	9	6	7	8	4	2	3	5
2	8	7	9	5	3	4	6	1

144

2	4	1	7	3	6	9	8	5
6	9	8	2	5	4	3	1	7
5	3	7	9	8	1	4	6	2
3	2	5	6	4	8	7	9	1
9	7	6	5	1	2	8	4	3
1	8	4	3	9	7	2	5	6
4	1	3	8	7	5	6	2	9
8	6	9	1	2	3	5	7	4
7	5	2	4	6	9	1	3	8

5	8	4	2	7	3	9	6	1
1	3	9	6	8	5	4	7	2
7	2	6	4	1	9	8	5	3
3	4	8	7	9	1	5	2	6
9	5	2	3	6	8	7	1	4
6	7	1	5	2	4	3	8	9
8	9	5	1	3	2	6	4	7
4	1	7	9	5	6	2	3	8
2	6	3	8	4	7	1	9	5

6	7	8	2	1	5	4	3	9
2	4	1	3	8	9	5	6	7
3	9	5	7	6	4	8	2	1
8	6	9	4	3	2	7	1	5
7	5	2	8	9	1	3	4	6
4	1	3	5	7	6	9	8	2
9	8	6	1	5	3	2	7	4
5	3	4	6	2	7	1	9	8
1	2	7	9	4	8	6	5	3

4	9	3	2	6	7	1	8	5
2	6	5	8	1	3	4	7	9
1	8	7	9	5	4	6	3	2
3	4	8	7	9	1	5	2	6
9	5	6	4	3	2	8	1	7
7	2	1	5	8	6	3	9	4
5	3	9	6	2	8	7	4	1
6	1	4	3	7	9	2	5	8
8	7	2	1	4	5	9	6	3

SOLUTIONS

148

5	9	7	3	1	2	8	4	6
6	2	4	5	7	8	3	9	1
8	1	3	6	4	9	5	7	2
7	3	8	1	9	6	2	5	4
4	6	9	2	8	5	7	1	3
1	5	2	4	3	7	6	8	9
9	4	5	8	6	3	1	2	7
2	7	6	9	5	1	4	3	8
3	8	1	7	2	4	9	6	5

149

8	3	9	4	7	2	5	1	6
6	2	4	5	1	8	7	3	9
7	1	5	6	9	3	8	4	2
1	7	8	3	6	4	9	2	5
5	9	3	7	2	1	6	8	4
2	4	6	9	8	5	1	7	3
4	5	7	1	3	6	2	9	8
3	8	1	2	5	9	4	6	7
9	6	2	8	4	7	3	5	1

150

7	8	5	6	3	4	2	9	1
2	6	9	7	1	5	4	3	8
3	1	4	9	2	8	6	5	7
9	4	7	2	5	6	1	8	3
8	3	6	4	7	1	9	2	5
1	5	2	3	8	9	7	4	6
6	7	3	5	4	2	8	1	9
4	9	8	1	6	3	5	7	2
5	2	1	8	9	7	3	6	4

151

9	7	5	4	3	2	1	8	6
8	3	4	1	6	5	2	9	7
6	2	1	7	8	9	5	4	3
2	4	9	5	7	8	3	6	1
7	6	8	3	9	1	4	2	5
1	5	3	6	2	4	8	7	9
4	9	7	2	5	3	6	1	8
3	1	6	8	4	7	9	5	2
5	8	2	9	1	6	7	3	4

152

9	2	1	6	8	3	7	5	4
3	4	5	2	7	9	1	8	6
7	8	6	4	1	5	2	3	9
1	3	8	9	2	7	4	6	5
5	6	7	1	3	4	9	2	8
4	9	2	8	5	6	3	1	7
6	5	3	7	4	2	8	9	1
2	1	4	5	9	8	6	7	3
8	7	9	3	6	1	5	4	2

153

8	7	4	6	9	3	2	5	1
5	6	1	4	2	8	9	3	7
9	2	3	1	7	5	4	8	6
7	1	8	2	3	4	5	6	9
2	3	5	9	1	6	7	4	8
6	4	9	5	8	7	3	1	2
1	5	2	8	4	9	6	7	3
4	8	7	3	6	2	1	9	5
3	9	6	7	5	1	8	2	4

SOLUTIONS

154

5	4	2	8	9	3	7	1	6
1	7	9	5	2	6	4	3	8
8	3	6	7	1	4	5	2	9
4	6	1	3	7	9	8	5	2
9	5	8	2	6	1	3	7	4
7	2	3	4	5	8	6	9	1
2	8	4	9	3	5	1	6	7
3	1	7	6	4	2	9	8	5
6	9	5	1	8	7	2	4	3

155

5	7	9	3	1	4	2	6	8
1	6	3	2	8	9	4	5	7
4	8	2	5	7	6	3	1	9
7	9	1	6	3	2	5	8	4
6	5	8	4	9	7	1	2	3
2	3	4	1	5	8	9	7	6
9	1	6	7	2	3	8	4	5
8	4	5	9	6	1	7	3	2
3	2	7	8	4	5	6	9	1

156

1	3	8	6	7	5	4	2	9
7	5	4	1	2	9	3	8	6
9	6	2	3	8	4	5	7	1
6	9	7	4	3	1	2	5	8
3	8	1	9	5	2	7	6	4
2	4	5	8	6	7	9	1	3
4	7	3	5	1	8	6	9	2
8	2	6	7	9	3	1	4	5
5	1	9	2	4	6	8	3	7

157

5	4	3	2	7	6	8	1	9
1	2	6	5	9	8	3	4	7
8	9	7	4	3	1	5	2	6
2	6	9	8	5	7	1	3	4
3	8	1	9	2	4	6	7	5
7	5	4	6	1	3	2	9	8
4	1	8	7	6	2	9	5	3
9	7	2	3	8	5	4	6	1
6	3	5	1	4	9	7	8	2

 158

4	6	8	5	3	2	9	1	7
5	1	2	7	9	6	3	4	8
7	3	9	1	4	8	6	5	2
8	2	3	6	5	9	4	7	1
9	4	7	3	2	1	8	6	5
6	5	1	4	8	7	2	3	9
3	8	4	2	7	5	1	9	6
2	7	6	9	1	3	5	8	4
1	9	5	8	6	4	7	2	3

 159

9	6	1	5	7	2	8	3	4
3	7	8	9	4	1	5	2	6
4	2	5	3	8	6	7	9	1
5	3	9	2	1	4	6	8	7
2	8	4	6	5	7	9	1	3
6	1	7	8	9	3	2	4	5
8	4	3	7	2	5	1	6	9
7	9	6	1	3	8	4	5	2
1	5	2	4	6	9	3	7	8

SOLUTIONS

160

6	9	4	5	7	3	8	1	2
1	3	5	8	2	9	6	4	7
2	8	7	6	4	1	5	9	3
3	7	9	4	5	8	2	6	1
5	1	2	3	6	7	4	8	9
8	4	6	1	9	2	7	3	5
4	6	3	7	1	5	9	2	8
7	2	8	9	3	4	1	5	6
9	5	1	2	8	6	3	7	4

161

6	3	2	9	8	4	1	7	5
8	5	1	6	7	2	9	3	4
7	4	9	1	3	5	8	6	2
4	9	6	7	2	8	3	5	1
1	8	5	4	6	3	2	9	7
3	2	7	5	9	1	4	8	6
5	7	8	2	1	9	6	4	3
2	6	3	8	4	7	5	1	9
9	1	4	3	5	6	7	2	8

162

6	4	8	9	3	2	7	5	1
9	2	5	1	7	8	4	3	6
3	7	1	4	6	5	2	8	9
4	1	2	8	9	7	5	6	3
8	5	3	6	2	4	1	9	7
7	6	9	5	1	3	8	4	2
2	8	6	7	5	9	3	1	4
5	9	7	3	4	1	6	2	8
1	3	4	2	8	6	9	7	5

‹163›

1	8	7	5	9	3	6	4	2
9	2	3	6	4	7	5	1	8
4	5	6	2	1	8	3	9	7
8	7	2	3	6	4	9	5	1
5	6	4	9	8	1	7	2	3
3	1	9	7	2	5	4	8	6
2	3	8	4	7	9	1	6	5
7	9	1	8	5	6	2	3	4
6	4	5	1	3	2	8	7	9

‹164›

6	7	1	4	5	3	9	2	8
3	8	5	9	6	2	1	7	4
4	9	2	7	1	8	5	3	6
8	6	9	1	3	5	7	4	2
2	1	4	8	7	9	3	6	5
7	5	3	6	2	4	8	1	9
9	2	8	3	4	1	6	5	7
1	4	7	5	8	6	2	9	3
5	3	6	2	9	7	4	8	1

‹165›

3	4	2	8	7	5	9	6	1
1	9	8	3	4	6	5	7	2
7	5	6	1	2	9	3	8	4
4	2	5	9	8	3	6	1	7
8	1	3	7	6	2	4	5	9
6	7	9	4	5	1	8	2	3
2	8	4	5	3	7	1	9	6
9	3	7	6	1	8	2	4	5
5	6	1	2	9	4	7	3	8

SOLUTIONS

166

4	5	6	2	1	9	8	7	3
9	7	8	3	4	5	2	6	1
1	3	2	8	6	7	4	5	9
5	8	3	9	2	4	7	1	6
6	1	9	7	8	3	5	4	2
2	4	7	6	5	1	3	9	8
8	9	4	5	3	6	1	2	7
7	2	1	4	9	8	6	3	5
3	6	5	1	7	2	9	8	4

167

4	2	7	9	8	1	6	5	3
6	9	5	4	3	2	7	1	8
3	8	1	7	5	6	2	4	9
1	6	2	5	9	4	3	8	7
5	7	4	3	6	8	9	2	1
8	3	9	1	2	7	4	6	5
7	1	3	2	4	5	8	9	6
9	4	6	8	1	3	5	7	2
2	5	8	6	7	9	1	3	4

168

8	4	2	3	7	5	6	9	1
3	5	6	8	9	1	7	2	4
7	1	9	6	2	4	8	5	3
6	7	4	5	1	2	9	3	8
9	2	3	4	8	6	1	7	5
5	8	1	7	3	9	4	6	2
4	9	7	1	5	3	2	8	6
2	6	5	9	4	8	3	1	7
1	3	8	2	6	7	5	4	9

169

9	6	1	2	8	7	5	4	3
3	7	5	6	9	4	2	1	8
4	8	2	5	3	1	7	6	9
7	2	9	8	4	5	1	3	6
6	1	8	3	2	9	4	5	7
5	3	4	1	7	6	9	8	2
8	4	7	9	5	3	6	2	1
2	5	6	7	1	8	3	9	4
1	9	3	4	6	2	8	7	5

170

3	9	8	2	1	4	7	6	5
1	7	4	3	6	5	9	8	2
6	2	5	8	7	9	3	4	1
9	8	7	6	4	2	5	1	3
4	1	6	5	9	3	2	7	8
2	5	3	1	8	7	6	9	4
7	4	2	9	3	1	8	5	6
8	3	1	7	5	6	4	2	9
5	6	9	4	2	8	1	3	7

171

4	7	9	3	1	8	5	2	6
2	1	5	6	9	7	8	3	4
3	8	6	5	2	4	7	9	1
1	5	2	8	4	9	6	7	3
7	6	4	2	3	1	9	8	5
9	3	8	7	6	5	4	1	2
6	9	1	4	7	3	2	5	8
8	4	7	1	5	2	3	6	9
5	2	3	9	8	6	1	4	7

SOLUTIONS

7	4	2	8	3	1	5	6	9
1	9	8	7	6	5	3	4	2
6	5	3	4	2	9	8	7	1
3	2	7	1	5	4	9	8	6
4	6	5	2	9	8	1	3	7
9	8	1	6	7	3	2	5	4
8	3	6	9	4	2	7	1	5
2	1	4	5	8	7	6	9	3
5	7	9	3	1	6	4	2	8

6	9	5	1	3	4	2	7	8
3	2	1	7	9	8	5	4	6
8	4	7	6	2	5	3	9	1
5	8	2	4	7	1	6	3	9
4	3	6	2	8	9	7	1	5
7	1	9	5	6	3	8	2	4
2	6	4	9	5	7	1	8	3
9	7	8	3	1	6	4	5	2
1	5	3	8	4	2	9	6	7

4	6	9	5	3	1	8	2	7
2	7	3	6	8	4	5	9	1
5	8	1	9	2	7	3	4	6
7	4	6	1	5	3	9	8	2
8	9	5	4	7	2	1	6	3
3	1	2	8	9	6	7	5	4
1	2	8	3	4	9	6	7	5
6	5	4	7	1	8	2	3	9
9	3	7	2	6	5	4	1	8

175

2	1	8	3	7	5	9	6	4
7	9	4	6	2	8	5	1	3
5	6	3	9	1	4	2	7	8
4	3	9	1	6	2	7	8	5
6	2	5	7	8	3	4	9	1
8	7	1	4	5	9	6	3	2
3	4	6	2	9	1	8	5	7
9	8	2	5	3	7	1	4	6
1	5	7	8	4	6	3	2	9

 176

5	1	6	8	2	9	4	7	3
7	9	3	4	5	6	1	2	8
4	8	2	3	1	7	6	5	9
2	6	9	7	4	8	5	3	1
3	5	8	9	6	1	2	4	7
1	4	7	5	3	2	8	9	6
6	3	1	2	7	5	9	8	4
8	7	5	6	9	4	3	1	2
9	2	4	1	8	3	7	6	5

 177

4	5	6	1	8	7	3	9	2
2	1	8	9	3	6	4	5	7
3	9	7	5	4	2	6	8	1
6	8	3	2	5	1	7	4	9
7	2	9	4	6	8	5	1	3
5	4	1	7	9	3	2	6	8
8	3	5	6	7	9	1	2	4
1	7	4	8	2	5	9	3	6
9	6	2	3	1	4	8	7	5

SOLUTIONS

6	4	2	8	1	5	7	9	3
3	1	9	2	7	6	5	4	8
8	7	5	4	9	3	2	1	6
9	8	3	7	6	2	4	5	1
2	5	7	1	8	4	3	6	9
1	6	4	5	3	9	8	2	7
5	9	8	6	4	7	1	3	2
7	2	6	3	5	1	9	8	4
4	3	1	9	2	8	6	7	5

1	9	6	3	5	7	8	4	2
7	4	8	6	1	2	3	9	5
3	5	2	9	8	4	1	7	6
2	3	9	7	4	8	6	5	1
4	8	1	5	9	6	7	2	3
6	7	5	1	2	3	9	8	4
5	1	3	2	7	9	4	6	8
8	2	7	4	6	1	5	3	9
9	6	4	8	3	5	2	1	7

1	6	7	4	5	2	8	3	9
3	9	5	8	6	1	4	7	2
8	4	2	9	3	7	6	1	5
9	5	4	2	8	3	1	6	7
7	2	3	1	9	6	5	4	8
6	1	8	5	7	4	9	2	3
2	8	1	3	4	9	7	5	6
4	7	9	6	2	5	3	8	1
5	3	6	7	1	8	2	9	4

181

5	8	1	9	4	6	2	7	3
6	2	7	5	1	3	4	8	9
9	4	3	2	8	7	5	6	1
8	7	4	1	3	5	6	9	2
1	9	5	6	7	2	8	3	4
2	3	6	4	9	8	1	5	7
7	6	9	8	2	1	3	4	5
3	1	8	7	5	4	9	2	6
4	5	2	3	6	9	7	1	8

182

7	9	2	8	1	6	5	4	3
3	1	6	4	5	2	8	7	9
5	8	4	7	9	3	1	2	6
2	5	1	6	7	9	3	8	4
4	7	3	5	8	1	6	9	2
8	6	9	3	2	4	7	5	1
1	2	8	9	6	7	4	3	5
6	4	7	2	3	5	9	1	8
9	3	5	1	4	8	2	6	7

183

6	4	8	9	1	7	3	5	2
1	2	9	6	3	5	4	7	8
5	7	3	2	4	8	6	1	9
8	9	4	1	7	2	5	3	6
2	6	5	4	8	3	7	9	1
7	3	1	5	9	6	8	2	4
9	8	6	3	5	1	2	4	7
3	1	7	8	2	4	9	6	5
4	5	2	7	6	9	1	8	3

SOLUTIONS

184

3	5	6	9	1	8	4	2	7
1	8	2	4	7	6	3	9	5
7	4	9	5	2	3	8	1	6
2	9	4	8	3	5	6	7	1
5	7	3	1	6	2	9	4	8
8	6	1	7	9	4	2	5	3
6	2	5	3	4	7	1	8	9
4	1	8	6	5	9	7	3	2
9	3	7	2	8	1	5	6	4

185

4	9	2	8	6	5	1	7	3
1	7	5	2	3	4	6	9	8
8	3	6	1	9	7	2	4	5
3	2	1	9	4	6	8	5	7
9	6	4	7	5	8	3	2	1
7	5	8	3	1	2	9	6	4
6	1	7	4	2	3	5	8	9
2	4	9	5	8	1	7	3	6
5	8	3	6	7	9	4	1	2

186

1	9	2	5	3	4	7	6	8
8	7	4	2	9	6	5	1	3
6	3	5	7	1	8	2	9	4
7	5	9	8	2	3	6	4	1
4	6	8	9	7	1	3	2	5
3	2	1	4	6	5	9	8	7
5	1	6	3	4	2	8	7	9
2	8	7	1	5	9	4	3	6
9	4	3	6	8	7	1	5	2

187

7	2	1	3	5	8	4	9	6
4	3	6	2	9	7	1	5	8
5	8	9	1	6	4	3	7	2
8	5	3	9	7	6	2	4	1
1	6	4	5	3	2	7	8	9
2	9	7	8	4	1	6	3	5
6	7	2	4	8	5	9	1	3
3	4	8	6	1	9	5	2	7
9	1	5	7	2	3	8	6	4

188

6	8	4	1	9	7	5	2	3
5	3	2	4	8	6	1	9	7
7	9	1	3	5	2	6	4	8
2	4	5	8	6	1	3	7	9
1	7	9	2	4	3	8	5	6
8	6	3	9	7	5	4	1	2
9	1	7	5	3	8	2	6	4
3	5	6	7	2	4	9	8	1
4	2	8	6	1	9	7	3	5

189

8	1	2	7	9	6	5	4	3
7	6	9	4	5	3	1	8	2
3	4	5	1	2	8	6	9	7
5	8	1	6	7	9	2	3	4
4	2	6	8	3	5	9	7	1
9	3	7	2	4	1	8	5	6
6	7	3	9	8	2	4	1	5
1	9	4	5	6	7	3	2	8
2	5	8	3	1	4	7	6	9

SOLUTIONS

190

5	4	6	3	9	1	2	8	7
1	7	8	6	4	2	3	5	9
9	2	3	5	8	7	4	1	6
7	8	2	9	6	4	1	3	5
6	9	5	1	2	3	8	7	4
4	3	1	7	5	8	9	6	2
2	5	4	8	1	6	7	9	3
3	1	9	4	7	5	6	2	8
8	6	7	2	3	9	5	4	1

191

4	7	3	6	2	9	5	1	8
5	8	6	7	4	1	3	9	2
1	2	9	8	5	3	4	7	6
3	6	5	9	8	4	1	2	7
8	9	2	5	1	7	6	4	3
7	4	1	3	6	2	8	5	9
9	3	4	1	7	6	2	8	5
2	5	7	4	3	8	9	6	1
6	1	8	2	9	5	7	3	4

192

2	3	9	8	6	1	7	4	5
5	4	8	2	9	7	6	3	1
6	7	1	5	3	4	9	2	8
9	2	6	4	1	3	5	8	7
4	8	5	7	2	6	3	1	9
7	1	3	9	5	8	4	6	2
8	5	4	3	7	2	1	9	6
1	9	2	6	4	5	8	7	3
3	6	7	1	8	9	2	5	4

8	6	4	2	9	7	5	3	1
9	3	1	5	4	8	7	2	6
5	7	2	1	6	3	4	8	9
6	4	9	3	5	2	1	7	8
7	2	8	4	1	6	3	9	5
3	1	5	8	7	9	2	6	4
4	8	3	6	2	5	9	1	7
2	5	7	9	8	1	6	4	3
1	9	6	7	3	4	8	5	2

6	7	5	2	8	3	4	9	1
1	4	8	7	9	6	5	2	3
2	3	9	5	4	1	6	7	8
3	8	1	6	7	5	2	4	9
9	5	6	8	2	4	1	3	7
4	2	7	1	3	9	8	6	5
8	1	3	9	6	2	7	5	4
5	9	2	4	1	7	3	8	6
7	6	4	3	5	8	9	1	2

1	7	2	6	9	8	5	3	4
5	4	8	1	3	7	2	6	9
3	9	6	2	4	5	1	7	8
8	2	3	4	1	6	7	9	5
7	5	9	8	2	3	6	4	1
4	6	1	5	7	9	3	8	2
9	1	5	7	6	4	8	2	3
2	3	7	9	8	1	4	5	6
6	8	4	3	5	2	9	1	7

SOLUTIONS

196

2	6	3	4	5	7	9	1	8
9	1	5	8	6	2	3	7	4
4	8	7	1	3	9	2	5	6
7	5	4	6	9	8	1	2	3
3	9	8	2	1	5	6	4	7
6	2	1	7	4	3	8	9	5
8	7	6	9	2	4	5	3	1
1	3	2	5	7	6	4	8	9
5	4	9	3	8	1	7	6	2

197

7	3	5	8	4	1	9	2	6
9	8	2	7	6	5	4	1	3
4	6	1	2	9	3	8	5	7
6	1	9	5	8	4	7	3	2
5	2	4	3	1	7	6	8	9
8	7	3	6	2	9	5	4	1
2	9	7	4	3	8	1	6	5
1	4	6	9	5	2	3	7	8
3	5	8	1	7	6	2	9	4

198

1	2	5	9	6	4	8	7	3
6	7	4	8	1	3	5	2	9
9	8	3	5	7	2	6	4	1
5	1	7	6	3	9	2	8	4
2	9	8	1	4	7	3	6	5
4	3	6	2	5	8	1	9	7
3	6	2	7	9	1	4	5	8
7	5	1	4	8	6	9	3	2
8	4	9	3	2	5	7	1	6

199

1	3	6	8	4	9	7	2	5
2	7	8	1	5	3	9	6	4
9	4	5	2	7	6	3	1	8
8	2	4	9	6	5	1	7	3
6	9	7	4	3	1	5	8	2
3	5	1	7	2	8	6	4	9
7	1	2	3	9	4	8	5	6
5	8	9	6	1	2	4	3	7
4	6	3	5	8	7	2	9	1

200

9	3	2	5	8	7	1	6	4
7	8	4	2	1	6	9	5	3
6	1	5	4	3	9	2	8	7
5	6	8	1	4	3	7	2	9
3	2	7	6	9	5	4	1	8
4	9	1	8	7	2	5	3	6
2	4	9	3	6	1	8	7	5
8	5	3	7	2	4	6	9	1
1	7	6	9	5	8	3	4	2

201

1	8	3	2	4	9	5	6	7
6	4	5	8	7	3	2	1	9
7	2	9	1	5	6	3	8	4
8	9	2	6	3	7	4	5	1
5	7	4	9	1	2	8	3	6
3	1	6	4	8	5	9	7	2
4	6	7	3	2	8	1	9	5
2	5	8	7	9	1	6	4	3
9	3	1	5	6	4	7	2	8

SOLUTIONS

3	5	1	2	7	6	9	4	8
7	2	8	3	4	9	5	1	6
9	4	6	8	1	5	7	2	3
5	6	3	7	9	4	2	8	1
1	9	2	5	3	8	6	7	4
8	7	4	6	2	1	3	9	5
4	3	5	9	8	7	1	6	2
6	8	9	1	5	2	4	3	7
2	1	7	4	6	3	8	5	9

1	2	9	8	6	5	3	4	7
4	7	8	2	9	3	1	6	5
5	3	6	1	4	7	8	9	2
9	5	4	6	3	1	2	7	8
3	1	2	7	8	4	6	5	9
8	6	7	5	2	9	4	3	1
6	9	5	4	1	2	7	8	3
7	4	1	3	5	8	9	2	6
2	8	3	9	7	6	5	1	4

8	6	7	1	4	9	5	2	3
4	9	1	2	5	3	6	7	8
3	2	5	6	8	7	1	4	9
7	5	6	8	3	4	2	9	1
9	1	3	5	6	2	7	8	4
2	8	4	9	7	1	3	6	5
1	7	8	4	2	5	9	3	6
6	3	9	7	1	8	4	5	2
5	4	2	3	9	6	8	1	7

205

7	9	2	1	4	6	8	5	3
4	5	8	2	9	3	7	6	1
6	1	3	8	5	7	9	4	2
9	3	5	6	1	8	4	2	7
2	6	7	4	3	9	5	1	8
8	4	1	5	7	2	6	3	9
5	7	9	3	2	4	1	8	6
3	8	4	7	6	1	2	9	5
1	2	6	9	8	5	3	7	4

206

1	5	2	7	4	6	9	3	8
4	6	9	2	3	8	1	7	5
7	8	3	1	9	5	6	2	4
6	4	8	3	7	1	5	9	2
2	3	7	4	5	9	8	6	1
9	1	5	6	8	2	3	4	7
8	7	1	9	6	4	2	5	3
5	9	4	8	2	3	7	1	6
3	2	6	5	1	7	4	8	9

207

3	2	6	9	8	7	4	1	5
9	1	5	4	3	6	2	8	7
4	8	7	5	2	1	9	6	3
7	5	2	3	6	4	8	9	1
1	4	8	2	7	9	3	5	6
6	3	9	1	5	8	7	2	4
5	6	4	8	9	3	1	7	2
8	7	1	6	4	2	5	3	9
2	9	3	7	1	5	6	4	8

SOLUTIONS

7	9	3	6	1	4	5	8	2
8	1	4	5	2	3	7	6	9
2	6	5	8	7	9	1	3	4
3	4	8	7	9	2	6	1	5
5	2	9	1	8	6	3	4	7
6	7	1	3	4	5	9	2	8
4	3	6	2	5	7	8	9	1
9	8	7	4	6	1	2	5	3
1	5	2	9	3	8	4	7	6

5	9	4	6	8	3	1	2	7
8	1	6	9	2	7	4	5	3
2	7	3	1	4	5	9	8	6
4	2	9	8	3	6	7	1	5
1	3	5	7	9	4	2	6	8
6	8	7	2	5	1	3	4	9
3	5	1	4	6	9	8	7	2
9	4	8	5	7	2	6	3	1
7	6	2	3	1	8	5	9	4

9	4	5	8	3	1	6	7	2
2	7	8	6	5	9	4	1	3
1	6	3	4	2	7	9	5	8
6	3	1	7	9	4	8	2	5
4	2	9	1	8	5	3	6	7
8	5	7	3	6	2	1	9	4
7	8	4	2	1	6	5	3	9
3	9	6	5	7	8	2	4	1
5	1	2	9	4	3	7	8	6